garant

Inhalt

Vorwort 4

Eingemachtes und Eingelegtes 6
 > Zutaten-Porträts 8
 > Sauberkeit ist höchstes Gebot! 48

Marmeladen 50
 > Zutaten-Porträts 52
 > Marmelade, Gelee, Konfitüre – was ist was? 130

Chutneys, Relishes und Co. 132
 > Zutaten-Porträts 134
 > Chutneys und Co. herstellen 172

Register 174

Vorwort

Einmachen und Einkochen haben in der Menschheitsgeschichte eine lange Tradition und auch heute noch wird in den Küchen fleißig geschnippelt, eingelegt und eingemacht.

Vor allem zur Erntezeit, wenn köstliches Obst wie Erdbeeren und Kirschen Saison haben und Gemüse wie Tomaten und Paprika besonders lecker schmecken, bietet es sich an, die Aromen des Sommers im Glas zu konservieren. Begeben Sie sich mit diesem Buch auf kulinarische Entdeckungsreise: Ob Einlegen in Sirup, Öl oder Essig oder klassisches Einkochen zu Marmeladen, Soßen, Relishes oder würzigen Chutneys – hier findet jeder etwas ganz nach seinem Geschmack. Ein weiterer Vorteil von Einmachen, Einlegen und Co.: Selbst gemachte Vorräte sind frei von Konservierungs- und Zusatzstoffen und schmecken zudem noch viel besser!

Entdecken Sie traditionelle Klassiker wie eingelegte Salzgurken, klassische Erdbeermarmelade oder herzhaftes Mango-Chutney und lernen Sie raffinierte neue Rezeptideen kennen wie die exotische Pomelo-Kumquat-Marmelade oder die würzige grüne Tomatenmarmelade. Und auch für Rezepte von Käse- und Fischfans ist gesorgt! Wie wäre es z. B. mit eingelegtem Schafskäse oder Rollmops fürs Katerfrühstück? Selbst Figurbewusste werden hier fündig: Mit dem zuckerfreien Apfelmus, eingelegtem Kürbis mit Stevia und einer leichten Ketchup-Variante ist Schlemmen ausdrücklich erlaubt. Viel Spaß beim Kochen und Genießen!

EINGEMACHTES UND EINGELEGTES

Eingelegte Limetten 10

Leichtes Apfelmus 12

Amarenakirschen 14

Beschwipste Pflaumen 16

Eingelegte Trauben 18

Kürbismus mit Kokosmilch 20

Eingelegte Birnen 22

Getrocknete Tomaten 24

Mixed Pickles 26

Eingelegter Rotkohl 28

Marinierte Auberginen 30

Eingelegte Champignons 32

Süßsaure Perlzwiebeln 34

Marinierte Paprikaschoten 36

Würzige Salzgurken 38

Mediterraner Schafskäse 40

Eingelegter Knoblauch 42

Kürbis mit Stevia 44

Saurer Rollmops 46

TRAUBEN

Sie gehören zu den weltweit am häufigsten angebauten Früchten – und so finden sich fast ganzjährig Trauben im Handel. Ob weiß, ob rot, kernhaltig oder kernlos – die Zahl der Traubensorten ist kaum zu überblicken und bietet viele Verwendungsmöglichkeiten.

GURKEN – DER EINLEGEKLASSIKER

Einlegegurken sind eigentlich noch nicht voll ausgereifte Salatgurken. Die kleinen Gürkchen können auf unterschiedlichste Weise eingelegt werden: als Gewürzgurken, Senfgurken oder Salzgurken.

ESSIG – QUALITÄT ZAHLT SICH AUS

Beim Einlegen sollte man am Essig nicht sparen. Verwenden Sie qualitativ hochwertige Essigsorten mit mindestens 5 Prozent Säure. Am besten eignet sich Weißwein- oder Rotweinessig.

HOKKAIDO-KÜRBIS

Seinen Namen verdankt der Hokkaido-Kürbis der japanischen Insel Hokkaido. Denn dort wurde der Kürbis von den Amerikanern vor gut 100 Jahren eingeführt. Die Japaner züchteten aus dem eher harten und geschmacksarmen Reisnusskürbis den Hokkaido-Kürbis.

Eingelegte Limetten

FÜR CA. 4 GLÄSER À 250 ML

ZUBEREITUNGSZEIT: ca. 1 Std. und 10 Min.

GESCHMACK: säuerlich-frisch

SAISON: ganzjährig

Diese Limetten haben es in sich: Zusammen mit Minze, Vanille und Nelken bescheren sie eine echte Geschmacksexplosion!

500 g unbehandelte Limetten • 2 Zweige Minze • 1 Vanilleschote • 600 g Zucker • einige Gewürznelken

1 Limetten mit Schale waschen und in Scheiben schneiden. In sterilisierte Gläser schichten. Minze waschen, trocken schütteln, Blättchen abzupfen und zugeben.

2 Mark aus der Vanilleschote herauskratzen. 1 Liter Wasser mit Zucker aufkochen, Vanilleschote und Vanillemark zugeben und einige Nelken zufügen. Weitere ca. 20 Minuten köcheln lassen.

3 Heiße Flüssigkeit über die Limettenscheiben gießen. Gläser sofort fest verschließen und in einem Topf mit heißem Wasser bei 90 °C ca. 30 Minuten einkochen. Kühl und dunkel gelagert, sind die eingelegten Limetten ungeöffnet ca. 2 Jahre haltbar.

EINKOCHEN IM OFEN

Obst und Gemüse in heiß ausgespülte Gläser geben, diese mit Wasser oder Einmachsud bis zum Rand füllen und verschließen. Stellen Sie die Gläser in eine mit Wasser gefüllte Fettpfanne. Kochen Sie das Obst im vorgeheizten Backofen bei 150–160 °C ein, Gemüse bei 190–200 °C. Die Gläser danach im Ofen zugedeckt abkühlen lassen.

Leichtes Apfelmus

FÜR CA. 3–4 GLÄSER À 200 ML

ZUBEREITUNGSZEIT: ca. 45 Min.

GESCHMACK: süß

SAISON: Aug–Okt

Der Fruchtzucker in den Äpfeln reicht vollkommen aus, um diesem würzigen Apfelmus seine natürliche Süße zu verleihen.

1 kg Äpfel • Saft von ½ Zitrone • 1 Zimtstange • ½ TL gemahlene Vanille

1 Äpfel schälen, halbieren, Kerngehäuse entfernen und Äpfel vierteln. In einen Topf geben, 100 Milliliter Wasser, Zitronensaft und Zimtstange zufügen und aufkochen lassen. Ca. 10 Minuten bei geringer Hitze köcheln lassen.

2 Zimtstange entfernen. Äpfel mit dem Stabmixer pürieren und mit Vanille abschmecken. Apfelmus in sterilisierte Gläser füllen. Deckel aufschrauben und Gläser einige Minuten auf den Kopf stellen. Gläser umdrehen und abkühlen lassen. Kühl und dunkel gelagert, ist das Apfelmus ca. 3 Monate haltbar.

> Apfelmus wird klassisch zu **KAISERSCHMARREN** und **KARTOFFELPUFFERN** serviert.

GLÄSER VERSCHENKEN

Binden Sie einfach ein farblich passendes Band um das Glas oder den Deckel und verzieren Sie das Ganze mit einem ansprechenden Etikett. Alternativ schneiden Sie ein Stück Seidenpapier zurecht, binden es um den Deckel, fixieren es mit einer schönen Schleife und fertig ist ein tolles Mitbringsel.

Amarenakirschen

FÜR CA. 3 GLÄSER À 250 ML

ZUBEREITUNGSZEIT: ca. 35 Min.
GESCHMACK: süß
SAISON: Jun–Aug

Diese italienische Spezialität bekommt durch die zusätzliche Zugabe von Amaretto noch den richtigen Schuss Dolce Vita.

1 Glas Schattenmorellen oder Sauerkirschen (720 ml) • 400 g Zucker • 4 cl Amaretto • 1 Spritzer Zitronensaft

1 Kirschen über einem Sieb abgießen und gut abtropfen lassen. Kirschen und Zucker in einen Topf geben und so lange erwärmen, bis der Zucker vollständig geschmolzen ist. Ca. 4–5 Minuten aufkochen lassen, Amaretto und Zitronensaft zufügen und weitere ca. 10–15 Minuten köcheln.

2 Kirschmischung vorsichtig in sterilisierte Gläser füllen und Gläser verschließen. Auf den Kopf stellen und abkühlen lassen. An einem dunklen, kühlen Ort sind die Amarenakirschen ca. 1 Jahr haltbar.

DER GUTE RAT

Amarenakirschen schmecken lecker zu Vanilleeis, in Windbeuteln mit Sahne, in Muffins, Torten und Kuchen.

Beschwipste Pflaumen

FÜR CA. 3 GLÄSER À 500 ML
ZUBEREITUNGSZEIT: ca. 40 Min.
GESCHMACK: würzig-süß
SAISON: Jul–Sep

Die Mischung aus Rotwein, Zimt und Nelken lässt weihnachtliche Stimmung aufkommen. Besonders zur Adventszeit also ein tolles Mitbringsel.

1 Stück Ingwer (30 g) • 800 g Pflaumen • 500 ml Rotwein • 50 ml Rotweinessig • 250 g Zucker • 3 Zimtstangen • 5 Gewürznelken

1 Ingwer schälen und fein reiben. Pflaumen waschen, abtropfen lassen, halbieren und entsteinen. Mit Rotwein, Essig, Zucker, Ingwer, Zimt und Nelken erhitzen und ca. 15 Minuten bei niedriger Hitze köcheln lassen.

2 Sofort in sterilisierte Gläser füllen. Gut verschließen und bis zum Servieren kühl stellen. Die in Rotwein eingelegten Pflaumen halten sich, gut gekühlt und dunkel gelagert, ca. 1 Jahr.

VIELSEITIG VERWENDBAR

Die eingelegten Pflaumen lassen sich besonders gut zu Wild, Gans oder Ente reichen, passen aber auch hervorragend zu süßen Mehlspeisen. Dekorativ verpackt und mit einem Schild zu Inhalt und Haltbarkeit versehen, eignen sie sich auch sehr gut als Weihnachtsgeschenk.

Eingelegte Trauben

FÜR CA. 3 GLÄSER À 250 ML
ZUBEREITUNGSZEIT: ca. 20 Min. + ca. 12 Std. Ruhezeit
GESCHMACK: süß
SAISON: Aug–Okt

In Kombination mit würzigem Hart- und Weichkäse sind diese eingelegten Weintrauben ein echter Genuss für Feinschmecker.

500 g kernlose grüne Weintrauben • 300 g Zucker • 4 g Vanillezucker • 1 EL Zitronensaft

1 Weintrauben waschen und abtropfen lassen. In zwei Lagen in einen Topf schichten und dazwischen Zucker und Vanillezucker einstreuen. Zitronensaft darübergießen und alles ca. 12 Stunden ruhen lassen.

2 100 Milliliter Wasser zu den Weintrauben gießen und so lange köcheln lassen, bis der Sirup dickflüssig ist. Mischung in sterilisierte Gläser füllen und sofort verschließen. Auf den Kopf stellen und abkühlen lassen. An einem dunklen, kühlen Ort sind die Trauben ungeöffnet ca. 6 Monate haltbar.

DER GUTE RAT

In Sirup eingelegte Trauben passen sehr gut zu Käse, zu Schafs- oder Ziegenjoghurt sowie zu Vanilleeis und Pudding.

Kürbismus mit Kokosmilch

FÜR CA. 6 GLÄSER À 200 ML
ZUBEREITUNGSZEIT: ca. 25 Min.
GESCHMACK: nussig-herb
SAISON: Sep–Nov

Dieses farbintensive Kürbismus ist der pure Herbst in Gläsern!

500 g Kürbisfleisch • 250 ml Kokosmilch • 1 kg Gelierzucker • 1 Päckchen Zitronensäure

1 Kürbisfruchtfleisch klein schneiden und mit Kokosmilch zum Kochen bringen. Ca. 10 Minuten unter gelegentlichem Rühren weich garen.

2 Kürbis mit dem Stabmixer fein pürieren, Gelierzucker und Zitronensäure unterrühren und erneut zum Kochen bringen. Unter Rühren ca. 5 Minuten sprudelnd kochen lassen.

3 Kürbismus sofort in Gläser füllen und fest verschließen.

> Passt sehr gut zu frischem **GRAUBROT**, zu **SCHWEINEFLEISCH** und **GEFLÜGEL**.

DER GUTE RAT

Kokosmilch erhalten Sie in Konserven. Einmal geöffnet, sollten Sie sie innerhalb von zwei Tagen aufbrauchen und solange in den Kühlschrank stellen.

Eingemachtes und Eingelegtes

Eingelegte Birnen

FÜR CA. 4 GLÄSER À 500 ML
ZUBEREITUNGSZEIT: ca. 50 Min. + ca. 1–2 Tage Ziehzeit
GESCHMACK: würzig-süß
SAISON: Aug–Okt

Gerade zur Birnensaison im Herbst ein tolles weihnachtswürziges Rezept, um für die kommende Adventzeit vorzusorgen.

2 kg Birnen • 750 ml Weißwein • 750 ml Weißweinessig • 750 g Zucker • 1 Zimtstange • 1 Gewürznelke

1 Birnen waschen, schälen, Kerngehäuse entfernen und Birnen halbieren. Wein, Essig, Zucker und Gewürze aufkochen, Birnen zugeben und bei geringer Hitze weich kochen.

2 Birnen mit einer Schaumkelle vorsichtig in sterilisierte Gläser füllen. Sud um die Hälfte einreduzieren lassen und heiß über die Birnen gießen. Zugedeckt ca. 1–2 Tage ruhen lassen.

3 Flüssigkeit durch ein Sieb in einen Topf abgießen, abermals um ein Drittel einreduzieren lassen und heiß über die Birnen gießen. Gläser sofort gut verschließen und abkühlen lassen. An einem dunklen, kühlen Ort sind die eingelegten Birnen ungeöffnet ca. 8–9 Monate haltbar.

REZEPT VARIIEREN

Die eingelegten Birnen passen gut zu Wildgerichten. Wer möchte, kann vor dem Kochen noch den Saft von einer Orange zum Sud geben und die spiralförmig abgeschälte Zeste einer unbehandelten Orange sowie einige getrocknete Lavendelblütenzweige mit ins Glas geben.

Getrocknete Tomaten

FÜR CA. 4 GLÄSER À 200 ML
ZUBEREITUNGSZEIT: ca. 20 Min. + ca. 12 Std. Ruhezeit
GESCHMACK: würzig-süßlich
SAISON: Jun–Okt

Verwenden Sie für dieses Rezept besonders hochwertiges Olivenöl, um das volle mediterrane Aroma zu erzielen.

1 kg kleine aromatische Tomaten • 2 EL Salz • 1 EL Basilikum • 4 EL Olivenöl und etwas Olivenöl zum Aufgießen • 4 Knoblauchzehen • 4 Stängel Thymian • 4 Stängel Rosmarin • einige in Meersalz trocken eingelegte Kapern

1 Backofen auf 40 °C (Umluft: 20 °C) vorheizen und ein Blech mit Backpapier belegen. Tomaten waschen, halbieren und vom Stielansatz befreien. Mit der Schnittfläche nach oben auf das Backblech legen, mit Salz und Basilikum bestreuen und mit Öl beträufeln.

2 Im vorgeheizten Backofen ca. 8–12 Stunden trocknen. Backofentür dabei spaltbreit offen lassen. Sind die Tomaten ausreichend getrocknet, geben sie beim Drucktest keine Flüssigkeit mehr ab.

3 Knoblauch schälen und fein hacken. Kräuter waschen, trocken schütteln und ebenfalls fein hacken. Tomatenhälften sorgfältig in sterilisierte Gläser schichten, Knoblauch, Kräuter und einige Kapern zugeben. Mit Olivenöl auffüllen, sodass alles gut bedeckt ist. Gläser verschließen und an einem kühlen, dunklen Ort aufbewahren. Ungeöffnet halten die getrockneten Tomaten ca. 2 Jahre.

> **DER GUTE RAT**
>
> Getrocknete Tomaten passen gut zu Antipasti, Salaten und Dips. In Soßen oder Suppen mitgekocht, verleihen sie dem Gericht eine würzige Note.

Eingemachtes und Eingelegtes

Mixed Pickles

FÜR CA. 4 GLÄSER À 500 ML

ZUBEREITUNGSZEIT: ca. 1 Std. und 15 Min.

GESCHMACK: säuerlich-würzig-herb

SAISON: je nach Gemüse

Ursprünglich aus Indien stammend, sind Mixed Pickles heutzutage vor allem im englischsprachigen Raum überaus beliebt.

1 kg Gemüse (z. B. Cornichons, Möhren, Paprikaschoten, Blumenkohl, Perlzwiebeln) • Salz • 4 Stängel Dill • 1 Stück Meerrettich (2 cm) • 500 ml Weißweinessig • 2 EL Zucker • 2 TL Pfefferkörner • 2 TL Senfkörner • 4 Lorbeerblätter

1 Gemüse putzen und waschen bzw. schälen. Cornichons nach Belieben in Scheiben, Möhren in Streifen schneiden. Paprikaschoten entkernen und in Sternform schneiden. Blumenkohl in Röschen teilen.

2 Gemüse getrennt nach Sorten in kochendem Salzwasser ca. 2–3 Minuten blanchieren, herausnehmen und in Eiswasser abkühlen lassen. Abtropfen lassen und beiseitestellen.

3 Dill waschen, trocken schütteln, größere Stängel halbieren. Meerrettich schälen und in vier gleich große Stücke schneiden. Gemüse, Dill und Meerrettich gleichmäßig in sterilisierten Gläsern verteilen.

4 Essig mit 250 Millilitern Wasser, Zucker und Gewürzen aufkochen. Sud kochend heiß über das Gemüse gießen, sodass die Flüssigkeit ca. 1 Zentimeter darüber steht. Gläser sorgfältig verschließen.

5 Zum Einkochen einen großen Topf mit Wasser füllen und Gläser hineinstellen. Das Wasser sollte bis ca. 2 Zentimeter unter dem Rand der Gläser stehen. Wasser zum Kochen bringen und Mixed Pickles bei 90 °C ca. 30 Minuten einkochen. Mit einem Einkochthermometer bzw. Küchenthermometer die Temperatur kontrollieren. Ungeöffnet sind die Mixed Pickles ca. 1 Jahr haltbar.

Eingelegter Rotkohl

FÜR CA. 3 GLÄSER À 440 ML
ZUBEREITUNGSZEIT: ca. 1 Std. und 15 Min.
GESCHMACK: säuerlich-würzig
SAISON: Sep–Okt

Die klassische Beilage schlechthin, wenn es um rustikale Gerichte wie Braten aller Art, Rouladen oder Gulasch geht.

1 säuerlicher Apfel (z. B. Boskop) • 1 kg Rotkohl • 30 g Butterschmalz • 1 EL Zucker • 3 EL Rotwein • 3 EL Rotweinessig • 1 Gewürznelke • 1 Lorbeerblatt • Salz

1 Apfel waschen, trocken tupfen, Kerngehäuse entfernen und Apfel in feine Stifte schneiden. Vom Rotkohl die äußeren Blätter entfernen und Strunk keilförmig herausschneiden. Quer in sehr schmale Streifen schneiden oder hobeln. Dickere Rippen aussortieren. Geschnittenen Rotkohl waschen.

2 Butterschmalz in einem großen Topf erhitzen, Rotkohl, Apfel und Zucker zufügen und kurz andünsten. Mit Rotwein, Essig und 300 Millilitern heißem Wasser auffüllen und Gewürznelke, Lorbeerblatt und Salz zugeben. Bei geschlossenem Deckel ca. 30–40 Minuten bei mittlerer Hitze köcheln lassen.

3 Heiß in sterilisierte Gläser füllen, fest verschließen und abkühlen lassen. Kühl und dunkel gelagert, hält sich der Rotkohl ungeöffnet ca. 1 Jahr.

ROTKOHL VERARBEITEN

Ziehen Sie beim Schneiden oder Hobeln des Rotkohls am besten Haushaltshandschuhe an, denn der Farbstoff lässt sich nur schwer von den Händen abwaschen. Der eingelegte Rotkohl schmeckt als Beilage z. B. zu Fleischgerichten. Zum Servieren können Sie ihn mit Kräutern wie z. B. frischer gewaschener Petersilie verfeinern.

Marinierte Auberginen

FÜR CA. 3 GLÄSER À 300 ML

ZUBEREITUNGSZEIT:
ca. 40 Min. + ca. 12 Std. Ziehzeit

GESCHMACK: säuerlich-würzig

SAISON: Aug–Sep

Mittelmeer-Feeling pur! Mit diesen marinierten Auberginen holen Sie sich mediterrane Aromavielfalt auf den Teller.

800 g Auberginen • 400 ml Essig • 1 TL Salz • 6 Knoblauchzehen •
1 Bund frische Kräuter (z. B. Petersilie, Dill) • 2 getrocknete Chilischoten •
250 ml Olivenöl

1 Auberginen waschen, putzen und schälen. In dünne Scheiben schneiden und vierteln. Essig mit 350 Millilitern Wasser vermischen, Salz zugeben und über die Auberginen gießen. Über Nacht ruhen lassen.

2 Auberginen abtropfen lassen, mit Küchenpapier trocken tupfen. Knoblauch schälen und fein hacken. Kräuter waschen, trocken schütteln und Blättchen oder Fähnchen fein hacken. Chilischoten im Mörser fein zerstoßen.

3 Auberginen mit Knoblauch, Kräutern, Chili und 100 Millilitern Olivenöl vermischen. In sterilisierte Gläser füllen und mit Olivenöl so weit auffüllen, dass alles bedeckt ist. Verschließen und abkühlen lassen. An einem kühlen, dunklen Ort sind die Auberginen ungeöffnet ca. 6 Monate haltbar.

HOCHWERTIGES ÖL VERWENDEN

Verwenden Sie stets qualitativ hochwertiges Öl. Das Öl schützt das Eingelegte vor Mikroorganismen, indem es das Einlegte luftdicht einschließt. Wollen Sie größere Mengen einlegen, sollten Sie das Gemüse immer schichtweise in die Gläser füllen und jede Schicht mit Öl bedecken. Achten Sie darauf, dass sich dabei keine Luftblasen bilden.

Eingelegte Champignons

FÜR CA. 4 GLÄSER À 250 ML

ZUBEREITUNGSZEIT:
ca. 30 Min. + ca. 2 Tage Ziehzeit

GESCHMACK: säuerlich-würzig

SAISON: ganzjährig

Variieren Sie dieses Rezept doch mal mit anderen Pilzsorten. Auch Pfifferlinge, Steinpilze oder Maronenröhrlinge lassen sich gut einlegen.

1,6 kg kleine Champignons • 2 l Gemüsebrühe • 4 Knoblauchzehen • 10 Salbeiblätter • 4 Lorbeerblätter • 4 Stängel Thymian oder Dill • 2 TL Pfefferkörner • 2 TL Salz • 10 EL Öl • 600 ml Rotweinessig

1 Champignons putzen und mit einem feuchten Tuch säubern. Eventuell halbieren. Gemüsebrühe erhitzen und Pilze darin kurz blanchieren. Herausnehmen und abkühlen lassen.

2 Knoblauch schälen und fein hacken. Salbei, Lorbeer, Thymian oder Dill und Knoblauch in die Gemüsebrühe geben, Pfeffer und Salz zufügen. Öl und Essig unterrühren und alles aufkochen lassen.

3 Pilze in sterilisierte Gläser füllen und mit heißer Brühe übergießen. Gläser gut verschließen und eingelegte Champignons ca. 2 Tage ziehen lassen. Kühl lagern und innerhalb von 2 Wochen verbrauchen.

PILZE RICHTIG EINLEGEN

Eingelegte Champignons passen bestens zum kalten Büfett oder als Beilage zu Grillgerichten. Zum Einlegen eignen sich besonders aromatische Pilze. Neben braunen Champignons sind auch frische Waldpilze hierfür ideal. Verwenden Sie ein hochwertiges Öl und guten Essig (z. B. Weinessig oder Obstessig), damit der Geschmack nicht leidet.

Süßsaure Perlzwiebeln

FÜR CA. 5 GLÄSER À 500 ML

ZUBEREITUNGSZEIT: ca. 1 Std. und 15 Min. + ca. 3 Wochen Ziehzeit

GESCHMACK: säuerlich-würzig

SAISON: Jun–Okt

Rohe Perlzwiebeln sind eine Seltenheit. Wer also an die Zwiebelchen kommt, sollte sich gleich einen Vorrat anlegen und sie fix einlegen.

3 TL Salz • 1,2 kg Perlzwiebeln • 5 kleine getrocknete Chilischoten • 2 TL schwarze Pfefferkörner • 2 TL ganze Koriandersamen • 500 ml Weißweinessig • 150 g Zucker • ¼ TL gemahlener Kurkuma

1 In einem Topf ausreichend Wasser erhitzen, 1 Teelöffel Salz zugeben und Zwiebeln ca. 3 Minuten blanchieren. In Eiswasser abkühlen und abtropfen lassen. Zwiebeln schälen.

2 Perlzwiebeln gleichmäßig in sterilisierte Gläser verteilen. Chilischoten, Pfefferkörner und Koriandersamen zugeben.

3 Essig mit 500 Millilitern Wasser, restlichem Salz, Zucker und Kurkuma aufkochen und heißen Sud über die Perlzwiebeln gießen. Gläser sofort fest verschließen und in einem Topf mit heißem Wasser bei 90 °C ca. 30 Minuten einkochen. Abkühlen lassen und vor dem Öffnen mindestens 3 Wochen ziehen lassen. Ungeöffnet sind die Perlzwiebeln ca. 1 Jahr haltbar.

DER GUTE RAT

Perlzwiebeln passen bestens zu Antipasti oder Vorspeisenplatten und schmecken zu Salat und gegrilltem Fleisch.

Marinierte Paprikaschoten

FÜR CA. 4 GLÄSER À 200 ML

ZUBEREITUNGSZEIT:
ca. 45 Min. + ca. 20 Min. Ruhezeit + ca. 5 Tage Ziehzeit

GESCHMACK: säuerlich

SAISON: Jul–Sep

Sie gehören zu jeder Antipasti-Platte und überzeugen mit feinen Röstaromen und mediterranen Gewürzen wie Knoblauch, Chili und Rosmarin.

4 rote Paprikaschoten • 8 Knoblauchzehen • 1 kleine rote Chilischote • 4 Stängel Rosmarin • 250 ml Weißweinessig • 1 TL Salz • 600 ml Olivenöl • 4 Lorbeerblätter

1 Backofen auf 220 °C (Umluft: 200 °C) vorheizen. Paprikaschoten putzen, halbieren und waschen. Backblech mit Backpapier belegen und Paprikaschoten mit der Hautseite nach oben darauflegen.

2 Im vorgeheizten Backofen ca. 15–20 Minuten rösten, bis die Haut dunkle Blasen wirft. Aus dem Ofen nehmen, in einen Gefrierbeutel geben und ca. 20 Minuten abkühlen lassen. Haut abschälen und Paprikaschoten in mundgerechte Stücke schneiden.

3 Knoblauch schälen. Chilischote waschen, halbieren, Kerne herausschneiden und Chilischote in feine Streifen schneiden. Rosmarin waschen und trocken schütteln.

4 In einem Topf Essig mit 500 Millilitern Wasser zum Kochen bringen und Salz zugeben. Knoblauch, Paprikaschoten, Chili und Rosmarin portionsweise ca. ½ Minute im Sud kochen lassen. Herausnehmen, abtropfen lassen und mit Küchenpapier trocken tupfen.

5 In jedes der vorbereiteten Gläser Paprika, Chili sowie jeweils 1 Stängel Rosmarin, 1 Lorbeerblatt und 2 Knoblauchzehen füllen. Mit Öl aufgießen, sodass alles gut bedeckt ist. Marinierte Paprikaschoten ca. 5 Tage ziehen lassen. Kühl gelagert, sind sie ca. 1–2 Monate haltbar.

Würzige Salzgurken

FÜR CA. 4 GLÄSER À 500 ML

ZUBEREITUNGSZEIT: ca. 40 Min. + ca. 15 Min. Ruhezeit + ca. 2 Wochen und 12 Std. Ziehzeit

GESCHMACK: säuerlich

SAISON: Jun–Sep

Klassisch, einfach, gut. Zusätzlich sind Salzgurken auch noch länger haltbar als Essiggurken, da sie in der Salzlösung gären.

1 kg kleine Gurken • 105 g Salz • 20 Perlzwiebeln • 4 Knoblauchzehen • 1 Bund Dill • 500 ml Essig • 100 g Zucker • 1 TL Senfkörner • 1 TL Pfefferkörner • 1 TL Wacholderbeeren • 4 kleine Lorbeerblätter

1 Gurken waschen und trocken tupfen. In eine Schüssel füllen, mit kaltem Wasser bedecken und 100 Gramm Salz zugeben. Über Nacht ziehen lassen.

2 Perlzwiebeln schälen. In einem Topf Wasser erhitzen, restliches Salz zugeben und Perlzwiebeln ca. 3 Minuten blanchieren. In Eiswasser abkühlen und abtropfen lassen. Knoblauch schälen. Dill waschen, trocken schütteln und Fähnchen fein hacken.

3 Essig mit 750 Millilitern Wasser, Zucker, Perlzwiebeln, Knoblauch und Gewürzen aufkochen. Auf lauwarme Temperatur abkühlen lassen und Dill zugeben.

4 Gurkenwasser abgießen, frisches Wasser auffüllen und ca. 15 Minuten ruhen lassen. Gurken abtropfen lassen und in sterilisierte Gläser füllen.

5 Essigsud über die Gurken gießen, sodass Zwiebeln und Gewürze in allen Gläsern gleichmäßig verteilt sind. Sofort fest verschließen und abkühlen lassen. Vor dem Öffnen mindestens 2 Wochen ziehen lassen. Kühl und dunkel gelagert, sind die eingelegten Gurken ca. 1 Jahr haltbar.

Mediterraner Schafskäse

FÜR CA. 4 GLÄSER À 200 ML

ZUBEREITUNGSZEIT: ca. 20 Min. + ca. 24 Std. Ziehzeit

GESCHMACK: würzig

SAISON: ganzjährig

Experimentieren Sie doch mal mit unterschiedlichen Kräutern! Auch Petersilie oder Thymian passt wunderbar zu diesem aromatischen Käse.

500 g Schafskäse • 4 Knoblauchzehen • 1 kleine Zwiebel • 4 Stängel Rosmarin • 2 TL Gyrosgewürzmischung • 4 TL rote Pfefferkörner • 500 ml Olivenöl

1 Schafskäse in kleine Würfel schneiden. Knoblauch und Zwiebel schälen und fein hacken. Rosmarin waschen und trocken schütteln. Spitzen abzupfen und ganz lassen, restliche Nadeln fein hacken.

2 Käsewürfel in sterilisierte Gläser schichten. Knoblauch, Zwiebeln und Rosmarin gleichmäßig in die Gläser verteilen und Gewürzmischung sowie Pfefferkörner zugeben.

3 Mit Olivenöl so weit aufgießen, dass alles gut bedeckt ist. Gläser verschließen und mindestens 1 Tag ziehen lassen. Im Kühlschrank aufbewahrt, hält sich der Schafskäse ungeöffnet ca. 4 Wochen.

> Macht sich besonders gut in einem klassischen **GRIECHISCHEN SALAT** mit Tomaten, Gurke und Oliven.

DER GUTE RAT

Servieren Sie den eingelegten Schafskäse mit Salat oder Baguette. Verwenden Sie hierzu echten Schafskäse und nicht die billigen Imitate aus Kuhmilch.

Eingelegter Knoblauch

FÜR CA. 2–4 GLÄSER À 200 ML

ZUBEREITUNGSZEIT: ca. 20 Min. + ca. 24 Std. Ziehzeit

GESCHMACK: würzig

SAISON: Sep–Okt

Für Vampire ist dieses Rezept nichts, aber Feinschmecker werden diesen würzigen Leckerbissen bestimmt zu schätzen wissen.

10 Knoblauchknollen • 500 ml Weißwein • 100 ml Essigessenz • 75 g Zucker • 1 Chilischote • 4 Lorbeerblätter • 2 TL Salz • 1 TL Rosmarin • 1 TL Thymian • 1 TL Pfefferkörner • etwas Olivenöl

1. Knoblauchknollen schälen, zerteilen und mit allen Zutaten außer dem Öl ca. 3 Minuten kochen. Zugedeckt über Nacht stehen lassen.

2. Am nächsten Tag noch einmal ca. 5 Minuten kochen. Knoblauch abkühlen lassen. Mit dem Sud in Gläser füllen und etwas Öl darübergeben.

> Schmeckt beispielsweise besonders lecker in einer ganz einfachen Variante auf frischem **BAUERNBROT MIT BUTTER**.

PASST ZU WARM UND KALT

Dieser Knoblauch lässt sich hervorragend zum Kochen sowie als Beilage zu deftigen kalt servierten Gerichten verwenden, da hierbei der typische Knoblauchatem, der nach dem Verzehr von frischem Knoblauch auftritt, etwas abgemildert wird.

Kürbis mit Stevia

FÜR CA. 4–5 GLÄSER À 250 ML
ZUBEREITUNGSZEIT: ca. 1 Std.
GESCHMACK: süßsauer-würzig
SAISON: Aug–Okt

Durch das Stevia, eine natürliche Süßstoffquelle, erhält der Kürbis seine tolle süßsaure Note, ohne das Kalorienkonto zu belasten.

2 kg Kürbis • 60 g Ingwer • abgeriebene Schale und Saft von 1 unbehandelten Zitrone • 500 ml Weinessig • 1 Zimtstange • 6 TL Senfsaat • 2 zerkleinerte Lorbeerblätter • ½–1 TL Steviapulver

1. Kürbis schälen, Fasern und Kerne entfernen und Fruchtfleisch in ca. 2 Zentimeter große Würfel schneiden. Ingwer schälen und fein reiben.

2. Alle Zutaten – bis auf den Kürbis – in einen großen Topf geben, ½ Teelöffel Stevia zufügen, aufkochen und nochmals abschmecken. Der Sud sollte nicht zu süß sein.

3. Kürbis zufügen, kurz aufkochen lassen und zugedeckt weitere ca. 10 Minuten bei mittlerer Hitze köcheln lassen, bis der Kürbis weich ist.

4. Kürbiswürfel in sterilisierte Gläser füllen. Sud nochmals kurz aufkochen, Zimtstange herausnehmen und Sud vorsichtig über die Kürbiswürfel gießen. Deckel aufschrauben und Gläser einige Minuten auf den Kopf stellen. Gläser umdrehen und abkühlen lassen. Kühl und dunkel gelagert, ist der süßsaure Kürbis mindestens 3 Monate haltbar.

> Passt gut zu Fleischgerichten wie **TAFELSPITZ** oder **SCHWEINEBRATEN**.

DER GUTE RAT
Schmecken Sie den Kürbissud nach dem Aufkochen ab und geben Sie bei Bedarf noch etwas Stevia hinzu.

Saurer Rollmops

FÜR CA. 4 GLÄSER À 500 ML

ZUBEREITUNGSZEIT: ca. 40 Min. + ca. 12 Std. Ruhezeit + ca. 7 Tage Ziehzeit

GESCHMACK: säuerlich

SAISON: ganzjährig

Die leckeren Heringsröllchen erhielten deshalb ihren Namen, da ihre Form an die gleichnamige Hunderasse erinnerte.

16 große Salzheringe oder Matjesheringe • 1 l Weißweinessig • 4 TL Wacholderbeeren • 2 TL ganzer Piment • 6 Gewürznelken • frisch gemahlener Pfeffer • 2 große rote Zwiebeln • 8 große Dillgurken • 12 EL scharfer Senf • 4 EL Kapern

1. Heringe in eine Schüssel legen, mit Wasser bedecken und über Nacht ruhen lassen. Essig, 1 Liter Wasser, Wacholderbeeren, Piment, Gewürznelken und Pfeffer in einen großen Topf geben und ca. 10 Minuten köcheln. Abkühlen lassen.

2. Zwiebeln schälen und in Ringe schneiden. Gurken in Scheiben schneiden. Heringe waschen, trocken tupfen und filetieren. Mit der Hautseite nach unten auf ein Küchenbrett legen und mit Senf einstreichen. Gurken, einige Zwiebeln und einige Kapern auf die breitere Seite legen, sorgfältig aufrollen und mit einem Zahnstocher feststecken.

3. Rollmöpse zusammen mit restlichen Zwiebeln in sterilisierte Gläser schichten. Mit der Marinade übergießen und Gläser gut verschließen. Ca. 7 Tage ziehen lassen. Gut gekühlt, ist der Rollmops ca. 6 Monate ungeöffnet haltbar.

GUTES KATERFRÜHSTÜCK

Der Rollmops gilt als Katerfrühstück erster Wahl. Die Heringshappen schmecken aber auch prima zu Brot, Bratkartoffeln oder einfach zwischendurch.

Sauberkeit ist höchstes Gebot!

Oberstes Gebot beim Einlegen, Einmachen und Einkochen ist größte Sauberkeit. Ist sie nicht vorhanden, kann das dazu führen, dass Eingelegtes und Eingemachtes schnell verdirbt. Säubern Sie die Gläser daher stets mit Spülmittel und spülen Sie sie dann mit sehr heißem Wasser aus. Erhitzen Sie danach die feuchten Gläser entweder kurz in der Mikrowelle oder im Backofen bei 130 °C etwa 10 Minuten, um die Bakterienbildung zu hemmen.

Gläser sterilisieren

Alternativ können Sie die gereinigten Gläser auch auf ein Gitter in einen großen Topf stellen, Topf und Gläser mit kochendem Wasser füllen und alles ca. 10 Minuten kochen lassen. Anschließend sollten Sie die Gläser zum Trocknen bis zum Befüllen kopfüber auf ein sauberes Tuch stellen. Trocknen Sie sie nicht zusätzlich ab und achten Sie darauf, sie möglichst nicht mehr an der Innenseite anzufassen. Vergessen Sie auch nicht, die Deckel und gegebenenfalls die Gummiringe ebenso zu sterilisieren.

MARMELADEN

Kirschmarmelade mit Rotwein 54

Erdbeer-Rhabarber-Marmelade 56

Beerenmarmelade 58

Heidelbeergelee 60

Kalt gerührte Himbeermarmelade 62

Aprikosen-Lavendel-Marmelade 64

Apfel-Honig-Marmelade 66

Cranberrymarmelade 68

Birnengelee 70

Brombeer-Zimt-Marmelade 72

Klassische Erdbeermarmelade 74

Mandarinenmarmelade 76

Pflaumen-Whisky-Marmelade 78

Apfel-Feigen-Marmelade 80

Weinbergpfirsichmarmelade 82

Holunderblütengelee 84

Orangenmarmelade mit Likör 86

Walderdbeerenmarmelade 88

Birnen-Ingwer-Marmelade 90

Stachelbeermarmelade 92

Sauerkirschmarmelade 94

Ananasmarmelade 96

Schwarzes Johannisbeergelee 98

Mirabellenmarmelade 100

Brombeer-Apfel-Marmelade 102

Nektarinenmarmelade 104

Feigenmarmelade 106

Birnen-Rotwein-Marmelade 108

Pflaumen-Nektarinen-Marmelade 110

Rosenmarmelade 112

Erdbeer-Holunder-Marmelade 114

Pomelo-Kumquat-Marmelade 116

Melonenmarmelade 118

Klassisches Pflaumenmus 120

Zitronengelee 122

Bratapfelmarmelade 124

Erdbeer-Pfeffer-Marmelade 126

Quittengelee 128

STACHELBEEREN

Stachelbeeren haben ihre Wurzeln im Himalaja und werden seit dem 15. Jahrhundert kultiviert. Schon im 19. Jahrhundert gab es etwa 90 Sorten. An Sträuchern wachsen rote oder gelblich-grüne Beeren, diese sind rund, glatt oder behaart. Das saftige Fruchtfleisch hat einen süßen bis sauren Geschmack.

JOHANNISBEEREN

Ihr Ursprung liegt in Ost- und Mitteleuropa und reicht Jahrhunderte zurück. Es gibt weiße Früchte mit süßsaurem, rote mit frisch-saurem und schwarze Beeren mit herb-saurem Geschmack. Die Beeren werden etwa 5–8 Millimeter groß und sitzen in kleinen Trauben zusammen.

JOSTABEEREN

Jostabeeren sind eine Kreuzung aus schwarzen Johannisbeeren und Stachelbeeren. Sie sind seit etwa 30 Jahren erhältlich und noch nicht so verbreitet wie die beiden ursprünglichen Sorten. Die Früchte hängen an Trieben ohne Stacheln, sind außen schwarz und können fast die Größe von Stachelbeeren erreichen.

HOLUNDER-BLÜTEN

Die typischen Frühsommerboten mit den weißen Dolden kann man in verschiedenen Süßspeisen und Sirups verarbeiten, da sie leicht süßlich schmecken. Sammeln Sie dafür nur die weißen Dolden, denn die rohen Stängel und grünen Blätter sind leicht giftig.

Kirschmarmelade mit Rotwein

FÜR CA. 5–6 GLÄSER À 200 ML
ZUBEREITUNGSZEIT: ca. 20 Min.
GESCHMACK: würzig-süß
SAISON: Jun–Aug

Diese Marmelade ist ein wahrer Genuss. Besonders gut eignet sie sich als Gastgeschenk für Rotweinfreunde.

875 g Süßkirschen • 500 g Gelierzucker 2:1 • 125 ml Rotwein • 4 Zimtstangen • 2 Nelken • Saft von 1 Zitrone

1. Kirschen entsteinen und in Stücke schneiden. Mit Gelierzucker, Rotwein, Zimt, Nelken und Zitronensaft in einem großen Topf mischen.

2. Unter Rühren zum Kochen bringen und ca. 5 Minuten unter Rühren sprudelnd kochen lassen.

3. Zimtstangen und Nelken entfernen. Marmelade sofort in Gläser füllen und fest verschließen.

> Diese Marmelade schmeckt sehr gut zu **VANILLEEIS**. Dafür die Marmelade leicht erwärmen und zum Eis reichen.

DER GUTE RAT

Die dickfleischigen Süßkirschen sind hell- bis dunkelrot. Gute Früchte sind prall und fest und haben eine glänzende Haut.

Erdbeer-Rhabarber-Marmelade

FÜR CA. 5 GLÄSER À 200 ML
ZUBEREITUNGSZEIT: ca. 20 Min.
GESCHMACK: säuerlich-süß
SAISON ERDBEERE: Mai–Jul
SAISON RHABARBER: Apr–Jun

Erdbeere und Rhabarber bilden eine klassische Kombination, bei der man nichts falsch machen kann.

600 g Erdbeeren • 400 g Rhabarber • 1 Vanilleschote • Saft und abgeriebene Schale von 1 unbehandelten Limette • 1 kg Gelierzucker

1 Erdbeeren und Rhabarber waschen und putzen. Rhabarber eventuell schälen. Erdbeeren und Rhabarber in kleine Stücke schneiden. Vanilleschote längs aufschneiden und das Mark herauskratzen. Früchte mit Vanillemark, Limettensaft, Limettenschale und Gelierzucker in einem großen Topf mischen.

2 Unter Rühren zum Kochen bringen und ca. 5 Minuten unter Rühren sprudelnd kochen lassen, eventuell abschäumen.

3 Marmelade sofort in Gläser füllen und fest verschließen.

> Diese Marmelade eignet sich ganz wunderbar als Füllung für eine **BISKUITROLLE**.

DER GUTE RAT

Botanisch gesehen, ist der Rhabarber ein Gemüse. Rhabarber passt hervorragend zu Früchten, besonders zu Äpfeln und Erdbeeren.

Beerenmarmelade

FÜR CA. 8–9 GLÄSER À 200 ML
ZUBEREITUNGSZEIT: ca. 20 Min.
GESCHMACK: süßlich-herb
SAISON JOHANNISBEERE: Jun–Aug
SAISON JOSTABEERE: Jun–Jul

Hier sind Verwandte in einem Glas: die ursprüngliche Johannisbeere und die noch recht neue Jostabeere.

500 g Jostabeeren • 500 g rote Johannisbeeren • 500 g schwarze Johannisbeeren • 500 g Gelierzucker 3:1 • 2 Päckchen Vanillezucker

1 Beeren waschen und von den Rispen streifen. Früchte in einen großen Topf geben und mit dem Kartoffelstampfer zerdrücken oder mit dem Stabmixer pürieren.

2 Gelierzucker und Vanillezucker untermischen. Früchte zum Kochen bringen. Wenn die gesamte Masse aufkocht, ca. 4 Minuten unter Rühren weiterkochen.

3 Marmelade sofort in Gläser füllen und fest verschließen.

> Schmeckt ganz hervorragend auf **BROT MIT FRISCHKÄSE**.

DER GUTE RAT

Im reifen Zustand sieht die Jostabeere braunrot bis schwarz aus. Die Beeren sind größer als Johannisbeeren und kleiner als Stachelbeeren.

Heidelbeergelee

FÜR CA. 7–8 GLÄSER À 200 ML

ZUBEREITUNGSZEIT: ca. 40 Min.
GESCHMACK: säuerlich-süß
SAISON: Jul–Aug

Der Zitronenthymian gibt dem Heidelbeergelee eine besonders angenehme Frische.

2 kg Heidelbeeren • 5 Stängel Zitronenthymian • Saft von 2 Limetten • 500 g Gelierzucker 3:1

1 Blattreste und nicht einwandfreie Beeren entfernen, Heidelbeeren waschen und über einem Sieb gut abtropfen lassen.

2 Heidelbeeren mit 400 Milliliter Wasser in einen Topf geben und so lange kochen, bis alle Beeren aufgeplatzt sind. Ein großes Sieb mit einem feuchten Geschirrtuch auslegen und dieses auf einen großen Topf stellen. Heidelbeermasse hineingießen und den Saft ablaufen lassen. Mithilfe des Tuches die Saftreste aus den Beeren pressen.

3 Zitronenthymian waschen, trocken schütteln und zu einem Büschel zusammenbinden. 1,25 Liter Saft abmessen. Limetten auspressen und Saft zufügen. Gelierzucker in die Saftmischung rühren und Zitronenthymian zugeben. Bei großer Hitze unter ständigem Rühren zum Kochen bringen und ca. 4 Minuten unter ständigem Rühren sprudelnd kochen lassen. Thymian entfernen.

4 Gelierprobe machen. Gelee sofort in Gläser füllen und gut verschließen.

> **DER GUTE RAT**
> Wie sein Name schon vermuten lässt, zeichnet sich der Zitronenthymian durch einen betörenden, frischen Duft nach Zitrone aus.

FÜR CA. 1 GLAS À 200 ML
ZUBEREITUNGSZEIT: ca. 15 Min.
GESCHMACK: süß
SAISON: Jun–Sep

Kalt gerührte Himbeermarmelade

Hier kann der Herd mal Pause machen. Das Ergebnis ist köstlich, aber leider nicht lange haltbar.

200 g Himbeeren • 100 g Gelierzucker (ohne Kochen) • ½ Päckchen Vanillezucker • etwas Zitronensaft • 1 TL Alkohol (mindestens 48 %, z. B. Rum oder Wodka)

1 Himbeeren waschen, abtropfen lassen und eventuell entstielen. Mit Gelierzucker und Vanillezucker in einen hohen Mixbecher geben. Die Beeren mit dem Stabmixer pürieren. Dabei sollte sich der Zucker komplett gelöst haben. Mit einigen Tropfen Zitronensaft abschmecken.

2 Alkohol in das gesäuberte Glas geben und etwas schwenken. Vorsichtig mit einem Zündholz entzünden. Anschließend die Himbeermarmelade in das vorbehandelte Glas füllen.

> Himbeermarmelade passt ganz hervorragend zu frischem **ZIEGENKÄSE** auf knusprigenm frischem **BAUERNBROT**.

DER GUTE RAT

Frieren Sie während der Saison einfach einige Beeren ein. Dann können Sie jederzeit frische Marmelade zubereiten.

Aprikosen-Lavendel-Marmelade

FÜR CA. 6 GLÄSER À 200 ML
ZUBEREITUNGSZEIT: ca. 25 Min. + ca. 1 Std. Ruhezeit
GESCHMACK: blumig-süß
SAISON: Jun–Aug

Diese Kombination schmeichelt aufgrund der Lavendelblüten nicht nur dem Gaumen, sondern auch dem Auge.

1 kg Aprikosen • Weißwein zum Aufgießen • 500 g Gelierzucker 2:1 • 1 EL Lavendelblüten

1 Aprikosen waschen, blanchieren, häuten, halbieren und entkernen. Das Fruchtfleisch abwiegen und mit Wein auf 1 Kilogramm auffüllen. Aprikosen und Wein fein pürieren. Mit Zucker mischen und mindestens 1 Stunde ziehen lassen.

2 Fruchtmasse unter Rühren langsam erhitzen und wenn nötig Schaum abschöpfen. Marmelade ca. 4 Minuten sprudelnd kochen lassen. Gelierprobe machen.

3 Lavendelblüten untermischen. Marmelade sofort in saubere Gläser füllen, gut verschließen und ca. 10 Minuten auf den Kopf stellen, wenden und auskühlen lassen.

DER GUTE RAT

Marmelade mit Lavendelblüten kann nach längerer Lagerung ein leicht seifiges Aroma bekommen. Sie sollten diese Marmelade also nicht zu lange aufheben.

Apfel-Honig-Marmelade

FÜR CA. 6–7 GLÄSER À 200 ML
ZUBEREITUNGSZEIT: ca. 20 Min.
GESCHMACK: süß
SAISON: Aug–Okt

Ein Frühstück mit selbst gemachter Marmelade – da beginnt man den Tag gleich gut gelaunt.

1,3 kg Äpfel • 5–7 EL Zitronensaft • 500 g Gelierzucker 2:1 • 2 Zimtstangen • 50 g Honig

1 Äpfel schälen, vierteln und von den Kerngehäusen befreien. 1 Kilogramm Fruchtfleisch abwiegen. Äpfel fein würfeln und mit Zitronensaft beträufeln.

2 Äpfel, Gelierzucker und Zimtstangen in einem großen Topf gut mischen. Unter ständigem Rühren aufkochen lassen und ca. 3 Minuten sprudelnd kochen.

3 Marmelade vom Herd ziehen. Zimtstangen entfernen und Honig einrühren.

4 Marmelade sofort in Gläser füllen und fest verschließen.

DER GUTE RAT

Wenn Sie diese Marmelade mit Joghurt oder Quark verrührt genießen wollen, streuen Sie noch ein paar Nüsse obendrauf.

Cranberry-marmelade

FÜR CA. 4–5 GLÄSER À 200 ML

ZUBEREITUNGSZEIT: ca. 35 Min.

GESCHMACK: säuerlich-herb

SAISON: Sep–Dez

Cranberrys werden viel zu selten als Marmelade genossen. Man kennt sie eigentlich nur als Beilage zu Truthahnbraten.

650 g Cranberrys • 400 g Zucker

1 Cranberrys in einen Topf geben, mit Wasser bedecken und ca. 15 Minuten kochen lassen, bis sie weich sind.

2 Zucker zufügen und kochen lassen, bis die Flüssigkeit zu einem dicken Sirup eingekocht ist. Gelierprobe machen.

3 Marmelade sofort in Gläser füllen und fest verschließen.

› Diese Marmelade passt ganz wunderbar zu **TRUTHAHN** und anderen **GEFLÜGELGERICHTEN**.

› Eine feinsäuerliche Marmelade, die man gut auf gebuttertem **TOAST**, **TOASTIES** oder zu **PFANNKUCHEN** genießen kann.

DER GUTE RAT

Cranberrys sind deutlich größer als Preiselbeeren, fast schon so groß wie kleine Kirschen. Der Geschmack ist allerdings ähnlich.

Birnengelee

FÜR CA. 8 GLÄSER À 200 ML
ZUBEREITUNGSZEIT: ca. 45 Min.
GESCHMACK: süßlich-herb
SAISON: Aug–Nov

Das Gute kann so einfach sein – genießen Sie die pure Frucht!

1,3 kg Birnen • 150 ml Weißweinessig • 1 kg Gelierzucker

1 Birnen schälen, vierteln, vom Kerngehäuse befreien und in Stücke schneiden. Birnen mit 300 Milliliter Wasser und Essig bei mittlerer Hitze weich kochen. Fruchtmasse durch ein feines Sieb streichen, den Saft auffangen und abkühlen lassen. Es werden 750 Milliliter Saft benötigt.

2 Birnensaft mit Gelierzucker vermischen, unter Rühren zum Kochen bringen und ca. 4 Minuten sprudelnd kochen lassen. Den aufsteigenden Schaum sorgfältig abschöpfen. Gelierprobe machen.

3 Gelee sofort in Gläser füllen und diese fest verschließen.

DER GUTE RAT

Zu flüssige Marmelade oder Gelee können Sie einfach als Fruchtsoße zu Quark, Joghurt, Hüttenkäse oder Eis genießen.

Brombeer-Zimt-Marmelade

FÜR CA. 3 GLÄSER À 200 ML
ZUBEREITUNGSZEIT: ca. 15 Min.
GESCHMACK: würzig-süß
SAISON: Jul–Okt

Zimt, eines der ältesten Gewürze der Welt, passt hervorragend zum Aroma der Brombeeren.

500 g Brombeeren • 250 g Gelierzucker 2:1 • 1 Msp. gemahlene Nelken • 2 Msp. Zimt • 1 EL Zitronensaft

1 Brombeeren verlesen, vorsichtig waschen, abtropfen lassen und mit Gelierzucker, Gewürzen und Zitronensaft gut vermischen. In eine hohe Glasschüssel füllen und abdecken.

2 In der Mikrowelle ca. 5 Minuten bei 180 Watt erhitzen, dann einmal gut durchrühren, wieder abdecken und weitere ca. 6 Minuten bei 600 Watt garen.

3 Die Marmelade heiß in Gläser füllen und fest verschließen.

> Probieren Sie diese Marmelade doch einmal mit etwas **CRÈME FRAÎCHE** verrührt auf **ZWIEBACK** oder **SÜSSEN BRÖTCHEN**.

DER GUTE RAT

Genau wie Himbeeren sind Brombeeren sehr empfindlich und sollten deshalb so schnell wie möglich verbraucht werden.

Klassische Erdbeermarmelade

FÜR CA. 5 GLÄSER À 200 ML

ZUBEREITUNGSZEIT: ca. 15 Min.
GESCHMACK: süß
SAISON: Mai–Jul

Es gibt wohl kaum etwas Köstlicheres als selbst gemachte Erdbeermarmelade. Besonders an Wintertagen eine herrliche Erinnerung an den Sommer.

1 kg Erdbeeren • 1 Päckchen Zitronensäure • 500 g Gelierzucker 2:1

1. Erdbeeren waschen, über einem Sieb abtropfen lassen, entstielen und in kleine Stücke schneiden.

2. Erdbeeren, Zitronensäure und Zucker in einem großen Topf gut mischen. Unter Rühren zum Kochen bringen und ca. 5 Minuten unter Rühren sprudelnd köcheln lassen. Eventuell abschäumen.

3. Marmelade sofort in Gläser füllen und fest verschließen.

> Erdbeermarmelade passt ganz wunderbar zu frischen **BRÖTCHEN**, zu **PFANNKUCHEN**, **WAFFELN** oder zum Füllen von **KUCHEN** und **GEBÄCK**.

DER GUTE RAT

Für etwas Abwechslung kann ein guter Schuss Alkohol sorgen. Einfach nach Ende der Kochzeit 2–3 Esslöffel unter die Marmelade mischen.

Mandarinenmarmelade

FÜR CA. 1–2 GLÄSER À 200 ML
ZUBEREITUNGSZEIT: ca. 1 Std.
GESCHMACK: süß
SAISON: Nov–Mär

Erstaunlich, was man aus dieser kleinen Frucht alles machen kann. Diese Marmelade müssen Sie einfach mal probieren!

5 unbehandelte Mandarinen • 1 Vanilleschote • Saft von 1 Zitrone • 200 g Zucker

1 Mandarinen heiß abwaschen, mit Wasser bedecken und bei geringer Hitze weich kochen. Mit einem Schöpflöffel herausheben und mit dem Stabmixer pürieren.

2 Vanilleschote halbieren und das Mark herauskratzen. Mandarinen mit Zitronensaft, Zucker sowie Vanillemark so lange kochen, bis sich der Zucker gelöst hat. Regelmäßig umrühren.

3 Hitze reduzieren und Masse ca. 30 Minuten köcheln lassen. Mandarinenmarmelade heiß in Gläser füllen.

KLEIN, ABER FEIN!

Von allen Zitrusfrüchten haben die Mandarinen den süßesten Geschmack. Mandarinen verlieren nach einer Lagerzeit von 1–2 Wochen an Süße und Geschmack. Bei noch längerer Lagerung trocknen sie schließlich aus. Sie sind nicht kältebeständig und sollten auf jeden Fall vor Frost geschützt werden.

Pflaumen-Whisky-Marmelade

FÜR CA. 7 GLÄSER À 200 ML

ZUBEREITUNGSZEIT: ca. 20 Min.

GESCHMACK: würzig-süß

SAISON: Jul–Okt

Pflaume und Whisky mögen sich und sind auch in dieser Marmelade ein gutes Team.

1,3 kg Pflaumen • 500 g Gelierzucker 2:1 • ¼ TL Zimt • 1 Schuss Whisky

1. Pflaumen waschen, halbieren und vom Stein befreien. Pflaumen mit dem Stabmixer pürieren oder ganz klein schneiden.

2. Pflaumenmasse in einen großen Topf geben. Gelierzucker unter Rühren zugeben und unter weiterem ständigem Rühren zum Kochen bringen. Alles ca. 4 Minuten kochen lassen.

3. Topf vom Herd nehmen und Zimt sowie Whisky unterrühren.

4. Marmelade sofort in Gläser füllen und fest verschließen.

DER GUTE RAT

Statt Zimt kann man durchaus auch Sternanis verwenden, da auch dieses Gewürz ganz wunderbar mit Pflaumen harmoniert.

Apfel-Feigen-Marmelade

FÜR CA. 7 GLÄSER À 200 ML

ZUBEREITUNGSZEIT: ca. 20 Min. + ca. 12 Std. Ruhezeit

GESCHMACK: würzig-süß

SAISON APFEL: Aug–Okt

SAISON FEIGEN: Jul–Okt

Apfel-Feigen-Marmelade schmeckt nicht nur auf Brot sehr lecker, sondern harmoniert auch ganz wunderbar mit Käse.

550 g Äpfel • 250 g Feigen • 750 g Gelierzucker • 1 TL Zimt • 4 EL Zitronensaft

1 Äpfel schälen, vierteln, vom Kerngehäuse befreien und klein schneiden. Feigen waschen und klein schneiden. Äpfel und Feigen mit Gelierzucker mischen und über Nacht ziehen lassen.

2 Fruchtmasse mit Zimt und Zitronensaft mischen und unter Rühren ca. 10 Minuten kochen lassen. Mit dem Stabmixer leicht pürieren.

3 Marmelade sofort in Gläser füllen und fest verschließen.

> Passt hervorragend zu gereiftem **HARTKÄSE** mit kräftigem Geschmack.

DER GUTE RAT

Achten Sie beim Kauf von Feigen darauf, dass sie weich, aber nicht matschig sind. Zudem sollten sie angenehm riechen und auf Druck leicht nachgeben.

Weinbergpfirsich-marmelade

FÜR CA. 9 GLÄSER À 200 ML

ZUBEREITUNGSZEIT: ca. 40 Min.

GESCHMACK: süß

SAISON: Jun–Sep

Der Weinbergpfirsich ist auch unter den Namen „Plattpfirsich" und „Bergpfirsich" bekannt.

1,4 kg Weinbergpfirsiche • 1 kg Gelierzucker • Saft von ½ Zitrone

1. Weinbergpfirsiche waschen, halbieren, entsteinen und in Stücke schneiden. Es wird 1 Kilogramm Fruchtfleisch benötigt.

2. Pfirsiche mit dem Stabmixer pürieren und Gelierzucker in die Fruchtmasse rühren. Unter ständigem Rühren erhitzen, bis die Masse kocht, und ca. 4 Minuten kochen lassen. Zitronensaft zufügen und gut umrühren. Gelierprobe machen.

3. Marmelade sofort in Gläser füllen und fest verschließen.

> Schmeckt ganz wunderbar auf **ROSINENBROT** und zu **WAFFELN**.

DER GUTE RAT

Weinbergpfirsiche schmecken köstlich mit Prosecco. Einfach 4–5 Zentiliter Pfirsichpüree mit 10 Zentilitern gekühltem Prosecco aufgießen. Fertig ist der Bellini.

Holunderblütengelee

FÜR CA. 8–9 GLÄSER À 200 ML

ZUBEREITUNGSZEIT: ca. 20 Min. + ca. 24 Std. Ruhezeit
GESCHMACK: säuerlich-süß
SAISON: Mai–Jul

Eine feine, leicht säuerliche Note macht dieses Gelee zu einem erfrischenden Erlebnis auf Ihrem Frühstückstisch.

8 Holunderblütendolden • 2 unbehandelte Zitronen • 500 ml Apfelsaft • 1 Zimtstange • 250 ml trockener Weißwein • 2 EL Rum • 650 g Gelierzucker 2:1

1 Holunderblütendolden nicht waschen, nur schütteln und verlesen. Eine Zitrone in Scheiben schneiden und mit Apfelsaft, Zimtstange und 250 Milliliter Wasser in eine Schüssel geben. Holunderblüten hineinlegen und ca. 24 Stunden abgedeckt an einem kühlen Ort ziehen lassen.

2 Alles durch ein feines Sieb in einen Topf gießen. Zitrone auspressen. Zitronensaft, Wein und Rum zum Holunder-Apfelsaft geben. Den Gelierzucker einrühren und unter Rühren aufkochen lassen. Ca. 4 Minuten sprudelnd kochen lassen. Gelierprobe machen.

3 Gelee sofort in Gläser füllen, fest verschließen und auskühlen lassen.

DER GUTE RAT

Legen Sie die Holunderblüten direkt nach der Ernte auf ein gelbes Blatt Papier. Die Insekten krabbeln so von selbst aus den Blüten.

Orangenmarmelade mit Likör

FÜR CA. 6 GLÄSER À 200 ML
ZUBEREITUNGSZEIT: ca. 30 Min.
GESCHMACK: herb
SAISON: ganzjährig

Diese Marmelade hat einen leichten Schwips. Das ist auch gut so, weil es ihr den nötigen Kick gibt.

1 Zitrone • 10–12 Orangen • 100 g Kumquats • 2 EL Orangenlikör • 500 g Gelierzucker 2:1 • 1 TL Kardamom

1. Zitrone und Orangen halbieren und auspressen. 800 Milliliter Orangensaft abmessen.

2. Kumquats waschen, trocken tupfen und in dünne Scheiben schneiden. Orangen- und Zitronensaft, Orangenlikör, Gelierzucker, Kumquats und Kardamom in einem großen Topf gut verrühren. Unter ständigem Rühren bei starker Hitze aufkochen und ca. 1 Minute sprudelnd kochen lassen.

3. Marmelade sofort in Gläser füllen und verschließen. Ca. 5 Minuten auf den Kopf stellen.

DER GUTE RAT

Selbst gemachte Marmelade eignet sich ganz wunderbar als Gastgeschenk. Denken Sie daran, Frucht und Herstellungsjahr auf das Glas zu schreiben.

Walderdbeerenmarmelade

FÜR CA. 2 GLÄSER À 200 ML

ZUBEREITUNGSZEIT:
ca. 20 Min. + ca. 12 Std. Ruhezeit

GESCHMACK: süß

SAISON: Jun–Aug

Walderdbeeren haben ein ganz besonders feines und intensives Aroma. Eine wirkliche Kostbarkeit auf Ihrem Frühstückstisch.

300 g Walderdbeeren • 2 EL Zitronensaft • 150 g Gelierzucker

1 Walderdbeeren vorsichtig waschen und trocken tupfen. Stielansätze und Kelchblätter entfernen. Die geputzten Beeren in eine Schüssel geben und mit Zitronensaft und Gelierzucker mischen. Dann mit Frischhaltefolie abdecken und im Kühlschrank über Nacht ziehen lassen.

2 Durchgezogene Beeren in einem beschichteten Topf bei starker Hitze ca. 6 Minuten lang sprudelnd kochen lassen. Dabei gelegentlich umrühren. Gelierprobe machen.

3 Marmelade sofort in Gläser füllen und fest verschließen.

> Diese Marmelade schmeckt nicht nur auf **BROT**, sondern auch zu **PUDDING**, **GRIESSBREI** und **MILCHREIS** ganz köstlich.

DER GUTE RAT

Weniger ist mehr! Obwohl die Walderdbeeren sehr viel kleiner als normale Erdbeeren sind, haben sie ein wesentlich intensiveres Aroma.

Birnen-Ingwer-Marmelade

FÜR CA. 8–9 GLÄSER À 200 ML
ZUBEREITUNGSZEIT: ca. 25 Min.
GESCHMACK: würzig-süß
SAISON: Aug–Nov

Eine sehr fruchtige und würzige Marmelade, die unseren Gaumen erfreut.

1,2 kg Birnen • Saft von 3 Zitronen • 40 g Ingwerwurzel • 1 kg Gelierzucker • 2 Zimtstangen

1 Birnen schälen, vierteln, vom Kerngehäuse befreien, klein schneiden und mit dem Zitronensaft vermischen. Mit dem Stabmixer grob pürieren. Ingwer schälen, in kleine Würfel schneiden und unter das Birnenmus geben.

2 Birnenmus abwiegen und die gleiche Menge Gelierzucker sowie die Zimtstangen zufügen. Alles unter Rühren aufkochen. Unter Rühren ca. 4 Minuten sprudelnd kochen lassen. Zimtstangen herausnehmen.

3 Marmelade sofort in Gläser füllen und fest verschließen.

> Schmeckt hervorragend zu kaltem **BRATEN** und geräuchertem **SCHINKEN**.

DER GUTE RAT
Probieren Sie statt Ingwer einmal Nelke in dieser Marmelade. Denn Nelke erzeugt eine ebenso interessante Geschmacksnote wie Ingwer.

Stachelbeermarmelade

FÜR CA. 8–9 GLÄSER À 200 ML
ZUBEREITUNGSZEIT: ca. 20 Min. + ca. 2 Std. Ruhezeit
GESCHMACK: säuerlich-frisch
SAISON: Jun–Aug

Stachelbeeren besitzen viel Säure und einen hohen Anteil an Pektin. Dadurch gelingt diese Marmelade besonders leicht.

800 g Stachelbeeren • 1 Zitrone • 200 ml Apfelsaft • 1 kg Gelierzucker • 1 Bund Minze

1 Stachelbeeren waschen, putzen, trocken tupfen und halbieren. Zitrone auspressen. Stachelbeeren mit Apfelsaft, Zitronensaft und Gelierzucker in einen großen Topf geben und ca. 2 Stunden ziehen lassen.

2 Minze waschen, trocken schütteln, Blättchen von den Stängeln zupfen und klein schneiden. Fruchtmasse unter Rühren erhitzen und ca. 5 Minuten sprudelnd kochen lassen. Minze zugeben und untermischen.

3 Marmelade sofort in Gläser füllen und diese fest verschließen.

ROT ODER GRÜN?

Stachelbeeren haben eine feste, manchmal behaarte Schale und ein säuerlich-herbes Aroma. Die süßere rote Stachelbeere schmeckt ganz wunderbar direkt vom Strauch und ist weniger behaart als die grüne Variante. Die grüne Stachelbeere hingegen eignet sich besonders gut für Marmelade, Kuchen und Kompott.

Sauerkirsch-marmelade

FÜR CA. 5 GLÄSER À 200 ML

ZUBEREITUNGSZEIT: ca. 20 Min.

GESCHMACK: säuerlich

SAISON: Jul–Sep

Wer dieser Marmelade noch einen kleinen Schwips gönnt, kann nach dem Kochen einfach einen ordentlichen Schuss Amaretto unterrühren.

1,3 kg Sauerkirschen • 1 kg Gelierzucker • 1 Zimtstange

1. Kirschen entsteinen und in Stücke schneiden. Mit Gelierzucker in einem großen Topf mischen. Zimtstange zugeben.

2. Unter Rühren zum Kochen bringen und ca. 5 Minuten unter Rühren sprudelnd kochen lassen. Zimtstange entfernen.

3. Marmelade sofort in Gläser füllen und fest verschließen.

> Diese Marmelade kann man ganz wunderbar als Füllung für **BLÄTTERTEIGTASCHEN** verwenden.

DER GUTE RAT

Die dunklen Sauerkirschen enthalten reichlich Betakarotin. Ihr säuerliches Aroma verleiht der Marmelade eine köstliche, ganz besondere Note.

Ananas-marmelade

FÜR CA. 5–6 GLÄSER À 200 ML
ZUBEREITUNGSZEIT: ca. 20 Min. + ca. 12 Std. Ruhezeit
GESCHMACK: süß
SAISON: ganzjährig

Die goldgelbe Farbe dieser Marmelade lässt den Frühstückstisch erstrahlen und sorgt gleich am Morgen für gute Laune.

1 kg Ananasfruchtfleisch • 1 kg Gelierzucker

1 Ananasfruchtfleisch klein schneiden. Die Hälfte des Fruchtfleischs fein pürieren. Ananas in einem großen Topf mit Gelierzucker mischen und über Nacht ruhen lassen.

2 Am nächsten Tag unter ständigem Rühren aufkochen. Ca. 5 Minuten unter Rühren sprudelnd kochen. Die Marmelade in Gläser füllen und fest verschließen.

> Schmeckt ganz wunderbar auf knusprigem **VOLLKORNTOAST**.

DER GUTE RAT

Für etwas Abwechslung und eine leicht scharfe Note sorgt Ingwer. Geben Sie einfach einen Löffel frisch geriebenen Ingwer vor dem Kochen zum Fruchtfleisch.

Schwarzes Johannisbeergelee

FÜR CA. 4–5 GLÄSER À 200 ML
ZUBEREITUNGSZEIT: ca. 45 Min.
GESCHMACK: fruchtig-herb
SAISON: Jun–Aug

Die schwarze Johannisbeere hat einen ganz eigenen und besonderen Geschmack. Ein Gelee für wahre Feinschmecker.

1,25 kg schwarze Johannisbeeren • 1 kg Gelierzucker • 2 Vanilleschoten • 2 Zimtstangen

1. Johannisbeeren entsaften oder mit wenig Wasser kochen, bis die Beeren platzen. Den Saft durch ein Tuch ablaufen lassen.

2. 1 Liter abgekühlten Saft mit Gelierzucker, dem Mark der Vanilleschoten und den Zimtstangen in einen großen Topf geben.

3. Unter Rühren zum Kochen bringen und ca. 5 Minuten unter Rühren sprudelnd kochen lassen. Zimtstangen entfernen.

4. Gelee sofort in Gläser füllen und diese fest verschließen.

> Schwarzes Johannisbeergelee schmeckt umwerfend gut auf **FRISCH- UND ZIEGENKÄSE**.

DER GUTE RAT
Johannisbeeren haben einen leicht säuerlichen Geschmack. 250 Gramm enthalten dreimal so viel Vitamin C wie eine Orange.

FÜR CA. 5–6 GLÄSER À 200 ML

ZUBEREITUNGSZEIT: ca. 20 Min.

GESCHMACK: süßlich-herb

SAISON: Jul–Aug

Mirabellenmarmelade

Der Rosmarin verleiht der süßen Mirabelle eine leicht herbe Note. Eine verführerische Kombination.

1 kg Mirabellen • Saft von 1 Orange • 3 EL milder Sherry • 1 Stängel Rosmarin • 1 kg Gelierzucker

1. Mirabellen waschen, entsteinen und gut zerkleinern. Orangensaft, Sherry und Rosmarin mit den Mirabellen in einem großen Topf mischen.

2. Gelierzucker zufügen. Unter Rühren zum Kochen bringen und ca. 5 Minuten unter Rühren sprudelnd kochen lassen.

3. Rosmarin entfernen. Marmelade sofort in Gläser füllen und diese fest verschließen.

> Mirabellenmarmelade schmeckt fantastisch auf **HEFEZOPF** und eignet sich auch wunderbar zum Füllen von **KUCHEN** und **GEBÄCK**.

DER GUTE RAT

Da sich das Fruchtfleisch der Mirabelle leicht vom Stein lösen lässt, ist sie zur Herstellung von Marmelade sehr beliebt.

Brombeer-Apfel-Marmelade

FÜR CA. 5–6 GLÄSER À 200 ML

ZUBEREITUNGSZEIT: ca. 20 Min.

GESCHMACK: fruchtig-herb

SAISON BROMBEERE: Jul–Sep

SAISON APFEL: Aug–Okt

Der Lavendel sorgt bei dieser fruchtig-süßen Frühstücksverführung für genau den richtigen Hauch Herbe.

---

400 g Brombeeren • 450 g Äpfel • 250 g Gelierzucker 3:1 • 1 TL getrocknete Lavendelblüten

1 Brombeeren verlesen, über einem Sieb vorsichtig abspülen und abtropfen lassen. Äpfel schälen, vierteln, vom Kerngehäuse befreien und in Stücke schneiden.

2 Brombeeren und Äpfel mit Gelierzucker in einen Topf geben. Unter Rühren bei starker Hitze zum Kochen bringen und ca. 3 Minuten sprudelnd kochen lassen, dabei ständig weiterrühren.

3 Lavendelblüten unterheben und nochmals kurz aufkochen lassen. Marmelade sofort in die vorbereiteten Gläser füllen. Gläser fest verschließen, umdrehen und ca. 5 Minuten kopfüber ruhen lassen. Gläser umdrehen und abkühlen lassen.

DER GUTE RAT

Seien Sie nicht zu großzügig mit der Dosierung des Lavendels. Denn zu viel Lavendel kann schnell seifig schmecken.

Nektarinenmarmelade

FÜR CA. 8 GLÄSER À 200 ML
ZUBEREITUNGSZEIT: ca. 20 Min.
GESCHMACK: würzig-süß
SAISON: Jul–Sep

Dies ist eine gute Möglichkeit, Nektarinen zu verarbeiten, wenn diese Hauptsaison haben. Die Gewürze geben einen zusätzlichen Pfiff.

2 kg Nektarinen • 2 kg Gelierzucker • 1 Vanilleschote • 1 Msp. gemahlene Nelken • 1 Msp. Zimt

1 Nektarinen waschen, abtropfen lassen, schälen, entkernen und in Stücke schneiden. Früchte mit dem Stabmixer pürieren.

2 Nektarinen und Zucker in einen Topf geben. Vanilleschote, Nelken und Zimt zugeben. Zum Kochen bringen und unter Rühren ca. 5 Minuten sprudelnd kochen lassen.

3 Marmelade sofort in Gläser füllen und fest verschließen.

> Probieren Sie diese leckere Marmelade doch einmal auf einem **ROSINENBROT**.

DER GUTE RAT

Achten Sie darauf, nur einwandfreies Obst für Marmelade zu verwenden. Denn das Endprodukt ist immer nur so gut wie die Ausgangsware.

FÜR CA. 5 GLÄSER À 200 ML

ZUBEREITUNGSZEIT: ca. 45 Min.

GESCHMACK: süß

SAISON: Jul–Okt

Feigenmarmelade

Bereits in der Antike schätzte man den Nährwert von Feigen und die Heilwirkung der Pflanze.

---

1 kg frische Feigen • 2 unbehandelte Zitronen • 200 g Zucker • 2 EL gehackte Mandeln • 1 EL ungesüßtes Kakaopulver

1 Feigen waschen, halbieren und in sehr kleine Stücke schneiden. Zitronen heiß abwaschen und trocken tupfen. Die Schale von einer Zitrone dünn abschälen und in feine Streifen schneiden. Den Saft beider Zitronen auspressen, davon 2–3 Esslöffel Saft beiseitestellen.

2 In einen Topf gewürfelte Feigen, Zitronenstreifen, Zitronensaft und Zucker geben und unter Rühren langsam erhitzen. Bei schwacher Hitze unter Rühren ca. 25 Minuten kochen.

3 Mandeln in einer Pfanne ohne Fett goldgelb anrösten. Kakao mit restlichem Zitronensaft zu einer glatten Masse verrühren und nach der Gelierprobe zusammen mit den Mandeln in die Feigenmarmelade rühren. In Gläser füllen und diese fest verschließen.

> **DER GUTE RAT**
>
> Je nach Geschmack kann man auch das ausgekratzte Mark einer Vanilleschote, ½ Teelöffel Zimt und ½ Teelöffel Kardamom zugeben.

Birnen-Rotwein-Marmelade

FÜR CA. 6 GLÄSER À 200 ML

ZUBEREITUNGSZEIT: ca. 20 Min. + ca. 30 Min. Ruhezeit
GESCHMACK: würzig-herb
SAISON: Aug–Nov

Eine Marmelade mit ordentlich Rotwein: Deshalb ist sie nichts für kleine Schleckermäuler, sondern etwas für die Großen.

500 g Birnen • 350 ml Rotwein • Saft von 1 Orange • Saft von 1 Zitrone • 1 TL Zimt • 3 Nelken • 500 g Gelierzucker 2:1

1 Birnen schälen, halbieren, vom Kerngehäuse befreien und klein schneiden. Mit Rotwein, Orangensaft, Zitronensaft, Zimt und Nelken in einen Topf geben, alles verrühren und ca. 30 Minuten durchziehen lassen.

2 Mit Zucker vermischen. Unter Rühren aufkochen und ca. 5 Minuten sprudelnd kochen lassen.

3 Marmelade sofort in Gläser füllen und fest verschließen.

> Eine Marmelade, die besonders gut zu **WILD-** und **GEFLÜGELGERICHTEN** passt.

DER GUTE RAT

Reife Birnen haben einen sehr angenehmen Duft. Das Fruchtfleisch um den Stiel herum gibt auf Druck leicht nach.

Pflaumen-Nektarinen-Marmelade

FÜR CA. 5 GLÄSER À 200 ML
ZUBEREITUNGSZEIT: ca. 20 Min.
GESCHMACK: süß
SAISON NEKTARINE: Jul–Sep
SAISON PFLAUME: Jul–Okt

Fruchtige Marmelade und feiner Vanillegeschmack – eine traumhafte Kombination!

550 g Pflaumen • 550 g Nektarinen • 1 Vanilleschote • 500 g Gelierzucker 2:1 • Saft von ½ Zitrone

1 Pflaumen und Nektarinen waschen, halbieren, entkernen und mit dem Stabmixer pürieren. Vanilleschote in der Mitte aufschneiden und das Mark herauskratzen.

2 Früchte mit Gelierzucker unter ständigem Rühren in einem großen Topf aufkochen. Vanillemark, Vanilleschote und Zitronensaft zugeben und ca. 3 Minuten unter Rühren kochen lassen. Vanilleschote entfernen.

3 Marmelade sofort in Gläser füllen und diese fest verschließen.

> Schmeckt am besten auf gebuttertem **TOAST** oder **HEFEGEBÄCK**.

DER GUTE RAT

Durch den hohen Pektingehalt der Pflaume sollte Marmelade mit dieser Frucht nicht zu lange kochen, da sie dann schnell zu fest werden kann.

Rosenmarmelade

FÜR CA. 3–4 GLÄSER À 200 ML

ZUBEREITUNGSZEIT: ca. 45 Min.

GESCHMACK: süßlich-herb

SAISON: Jun–Aug

Rosenliebhaber und Gartenbesitzer finden hier eine Anregung, die vielen Rosenblätter zu verwerten.

225 g Blütenköpfe von Duftrosen • 1 kg Puderzucker • Saft von 3 Zitronen

1 Blütenköpfe mit 1 Liter Wasser in einen großen Topf geben und zum Kochen bringen. Zugedeckt kochen lassen, bis die Blätter sich weißlich verfärben.

2 Puderzucker einrühren, Zitronensaft zugeben und weiter köcheln lassen, bis ein dicker Sirup entstanden ist. Dabei immer wieder den sich oben absetzenden Schaum entfernen.

3 Die fertige Marmelade in eine Schüssel füllen und abkühlen lassen. In Marmeladengläser füllen und diese gut verschließen.

> Rosenmarmelade schmeckt sehr fein auf gebuttertem **TOAST** oder zu **CROISSANTS**.

DER GUTE RAT

Probieren Sie diese Marmelade mal anstelle von Zucker in einer Tasse Tee. Auch eine besonders schöne Idee, wenn Sie Gäste erwarten.

FÜR CA. 7 GLÄSER À 200 ML

ZUBEREITUNGSZEIT: ca. 30 Min. + ca. 3 Std. Ruhezeit

GESCHMACK: süß

SAISON ERDBEERE: Mai–Jul

SAISON HOLUNDER: Mai–Jul

Erdbeer-Holunder-Marmelade

Schon beim Kochen ein Genuss für das Auge. Die Holunderblüten geben nicht nur einen tollen Geschmack, sondern sehen auch noch wunderschön aus.

1 kg Erdbeeren • Saft von ½ Zitronen • 3 Holunderblütendolden • 500 g Gelierzucker 2:1

1 Erdbeeren waschen, putzen, klein schneiden und etwas zerdrücken. Zitronensaft, Holunderblüten und Gelierzucker untermischen und ca. 3 Stunden ziehen lassen.

2 Holunderblüten entfernen. Fruchtmasse unter Rühren zum Kochen bringen und ca. 4 Minuten unter Rühren sprudelnd kochen lassen.

3 Marmelade sofort in Gläser füllen und diese fest verschließen.

> Eine köstliche Marmelade, die gut zu **MILCHREIS**, **GRIESSBREI** und **PUDDING** schmeckt.

DER GUTE RAT

Holunderblüten zählen zu den essbaren Blüten. Von Mai bis Juli wachsen die Blüten des schwarzen Holunders fast überall an den Sträuchern.

Pomelo-Kumquat-Marmelade

FÜR CA. 2–3 GLÄSER À 200 ML

ZUBEREITUNGSZEIT: ca. 30 Min.
GESCHMACK: süßlich-herb
SAISON POMELO: Okt–Apr
SAISON KUMQUAT: Okt–Mär

Zwei nicht so bekannte Früchte geben sich hier die Hand. Eine interessante Mischung, die sie unbedingt einmal ausprobieren sollten.

2 Pomelos (à 800 g) • 125 g Kumquats • 700 g Gelierzucker

1 Pomelo so schälen, dass keine weiße Haut mehr am Fruchtfleisch hängt. Ein kleines Stück Schale waschen und fein würfeln. Pomelo filetieren und dabei die Trennhäute sorgfältig entfernen. Filets in große Stücke schneiden.

2 Kumquats gründlich waschen und in dünne Scheiben schneiden. Früchte wiegen und die gleiche Menge an Zucker abwiegen.

3 Früchte und Zucker in einem Topf mischen und 125 Milliliter Wasser zugeben. Alles aufkochen und ca. 4 Minuten sprudelnd kochen lassen.

4 Marmelade sofort in Gläser füllen und verschließen.

> Genießen Sie diese Marmelade doch auch mal zu **HUHN** oder **ENTE**.

DER GUTE RAT

Bei Kumquats schmeckt, im Gegensatz zu anderen Zitrusfrüchten, die unter der Schale liegende weiße Haut süßer als das Fruchtfleisch.

Melonenmarmelade

FÜR CA. 4 GLÄSER À 200 ML

ZUBEREITUNGSZEIT: ca. 25 Min. + ca. 20 Min. Ruhezeit

GESCHMACK: süß

SAISON: Jun–Sep

Fangen Sie den Sommer ein und genießen Sie ihn für lange Zeit auf ihrem Frühstücksbrot.

1 Honigmelone • 300 g Gelierzucker 2:1 • 2 unbehandelte Zitronen

1. Melone halbieren, mit einem Esslöffel die Kerne entfernen, Melone vierteln und schälen. Es werden 500 Gramm Fruchtfleisch benötigt.

2. Melone mit Gelierzucker in einem Topf verrühren und zugedeckt ca. 20 Minuten ziehen lassen.

3. Zitronen heiß abspülen und trocken reiben. Schale von einer Zitrone fein abreiben. Beide Zitronen halbieren, auspressen und den Saft zusammen mit der abgeriebenen Schale zur Melone geben.

4. Topf auf den Herd stellen und alles zum Kochen bringen. Bei starker Hitze unter ständigem Rühren ca. 6 Minuten sprudelnd kochen lassen. Gelierprobe machen.

5. Marmelade in Gläser füllen und fest verschließen.

DER GUTE RAT

Eine aufgeschnittene Honigmelone können Sie 2–3 Tage im Kühlschrank aufbewahren. Schnittstellen mit Folie bedecken.

Klassisches Pflaumenmus

FÜR CA. 5–6 GLÄSER À 200 ML

ZUBEREITUNGSZEIT: ca. 20 Min. + ca. 1 Std. Backzeit

GESCHMACK: würzig-süß

SAISON: Jul–Okt

Ein wahres Gedicht ist dieses Pflaumenmus und im Gegensatz zu gekauftem Mus nicht so schrecklich süß.

1 kg Pflaumen • 200 g Zucker • 1 Zimtstange • etwas Pimentpulver • etwas Whisky oder Rum

1 Backofen auf 150 °C (Umluft: 130 °C) vorheizen. Pflaumen waschen und entsteinen. In einen Topf geben und ohne Wasserzugabe kurz dünsten. Gedünstete Pflaumen in eine Fettpfanne geben und 65 Gramm Zucker einrühren. Zimtstange und Pimentpulver zugeben.

2 Pflaumen im vorgeheizten Backofen backen. Die Tür des Backofens sollte dabei leicht geöffnet bleiben (Löffel einklemmen). Nach ca. 20 Minuten weitere 65 Gramm Zucker einrühren und Pflaumen erneut ca. 20 Minuten im Backofen backen. Restlichen Zucker einrühren und weitere ca. 20 Minuten backen.

3 Pflaumenmus in Gläser füllen und etwas Rum oder Whisky darüberträufeln. Gläser sofort verschließen.

> **DER GUTE RAT**
>
> Sie haben kein Piment zur Hand? Kein Problem, denn man kann Piment auch gut durch etwas gemahlenen Ingwer austauschen.

Zitronengelee

FÜR CA. 6 GLÄSER À 200 ML

ZUBEREITUNGSZEIT: ca. 2 Std. und 10 Min. + ca. 12 Std. Ruhezeit

GESCHMACK: säuerlich-süß

SAISON: ganzjährig

Die saure Zitrone und der süße Zucker – eine tolle Kombination, die dieses Gelee so besonders macht.

10 unbehandelte Zitronen • 1,7 kg Zucker

1 Schale der Zitronen fein abreiben. Möglichst die ganze weiße Haut unter der Schale entfernen. Zitronen in dünne Scheiben schneiden.

2 Zitronenscheiben, 1,8 Liter Wasser und Zitronenschale in einen großen Topf geben und bei niedriger Hitze ca. 2 Stunden simmern lassen.

3 Die Masse in ein Mullsäckchen geben und über einer sauberen Schüssel so aufhängen, dass die Flüssigkeit über Nacht in die Schüssel abtropfen kann.

4 Abgetropfte Flüssigkeit mit Zucker vermischen und im offenen Topf kochen. Für die Gelierprobe einige Tropfen Gelee auf einen gekühlten Teller geben und mit dem Finger darüberfahren. Wenn sich das Gelee kräuselt, ist es fertig.

5 Gelee sofort in Gläser füllen und verschließen. Das Gelee sollte vor dem Verzehr an einem kühlen Ort 3 Tage ruhen.

> Schmeckt einfach köstlich auf gebuttertem **TOAST** oder **MUFFINS**.

Bratapfel-marmelade

FÜR CA. 7 GLÄSER À 200 ML

ZUBEREITUNGSZEIT: ca. 20 Min. + ca. 12 Std. Ruhezeit

GESCHMACK: süß

SAISON: Aug–Okt

Schon der Geruch dieser Marmelade versetzt einen in vorweihnachtliche Stimmung.

---

120 g Rosinen • 120 ml Rum • 140 g Mandelstifte • 1 kg Äpfel (z. B. Boskop) • 1 Vanilleschote • 2 EL Butter • 200 ml Apfelsaft • 1 TL Zimt • 500 g Gelierzucker 2:1

1 Rosinen über Nacht in 60 Milliliter Rum einweichen.

2 Mandelstifte in einer Pfanne ohne Fett anrösten. Äpfel schälen, vierteln, vom Kerngehäuse befreien und in kleine Würfel schneiden. Vanilleschote aufschneiden und das Mark herauskratzen.

3 Butter in einem Topf zerlassen und Apfelwürfel darin ca. 5 Minuten unter gelegentlichem Rühren weich braten. Rosinen mit den Mandelstiften, restlichem Rum, Apfelsaft, Zimt, Vanillemark und Gelierzucker zugeben und ca. 4 Minuten sprudelnd kochen lassen.

4 Marmelade sofort in Gläser füllen und diese fest verschließen.

DER GUTE RAT

Sollten Sie die Bratapfelmarmelade verschenken wollen, gestalten Sie doch mal die Etiketten selbst. Das macht Spaß und erfreut den Beschenkten.

Erdbeer-Pfeffer-Marmelade

FÜR CA. 4 GLÄSER À 200 ML
ZUBEREITUNGSZEIT: ca. 20 Min.
GESCHMACK: würzig-süß
SAISON: Mai–Jul

Probieren Sie diese Marmelade einmal zu Vanilleeiscreme. Eine wirklich schmackhafte Kombination.

600 g Erdbeeren • 1 Apfel • 300 g Gelierzucker 2:1 • 2 EL eingelegter grüner Pfeffer • 2 EL Balsamico

1 Erdbeeren waschen, putzen und mit dem Stabmixer pürieren. Apfel schälen, vierteln, vom Kerngehäuse befreien und das Fruchtfleisch fein reiben.

2 Früchte in einem Topf mit Gelierzucker mischen. Unter Rühren aufkochen, Pfeffer zugeben und ca. 4 Minuten sprudelnd kochen lassen. Balsamico unterrühren.

3 Marmelade sofort in Gläser füllen und diese fest verschließen.

> Diese Marmelade passt durch den Pfeffer ganz hervorragend zu **FLEISCHGERICHTEN**.

DER GUTE RAT

Grüner Pfeffer, der oft in Essig oder Salzlake eingelegt wird, passt besonders gut zu kräftigen Gerichten und zu Sahne- und Buttersoßen.

Quitten-gelee

FÜR CA. 8 GLÄSER À 200 ML
ZUBEREITUNGSZEIT: ca. 1 Std.
GESCHMACK: fruchtig-herb
SAISON: Sep–Nov

Da kaum jemand Quitten im Garten hat und sie im Handel auch nicht so leicht zu bekommen sind, ist dieses Gelee eine echte Kostbarkeit.

1½ kg Quitten • 1 Zitrone • 200 ml Orangensaft • 1 kg Gelierzucker

1 Quitten mit einem Tuch abreiben. Blüte und Stielansatz entfernen. Samt Schale und Kerngehäuse erst in Viertel schneiden, dann nochmals quer durchteilen.

2 Zitrone auspressen. Saft mit 1,25 Liter Wasser mischen und aufkochen. Quittenstücke zugeben und zugedeckt ca. 40 Minuten garen.

3 Quitten abkühlen lassen und durch ein mit einem Tuch ausgelegtes Sieb passieren. Den Saft dabei auffangen.

4 800 Milliliter Quittensaft abmessen, mit Orangensaft und Gelierzucker mischen und ca. 4 Minuten kräftig kochen lassen. Zwischendurch und am Schluss den Schaum abschöpfen.

5 Gelee sofort in Gläser füllen und fest verschließen.

DER GUTE RAT

Die roh nicht genießbaren Quitten enthalten so viel Pektin, dass man aus ihnen sogar schnittfeste Gelees zubereiten kann.

Marmelade, Gelee, Konfitüre – was ist was?

Marmeladen, Gelees, Konfitüren ... – die Vielfalt an Begriffen führt oftmals zu Verwirrung. Und tatsächlich sind einige begriffliche Unterscheidungen nicht auf den ersten Blick einleuchtend. Als Marmelade beispielsweise bezeichnet man offiziell – gemäß EU-Vorschriften in Anpassung an Großbritannien – ausschließlich Brotaufstriche aus Zitrusfrüchten. Werden einheimische Früchte verwendet, spricht man von Konfitüren. Gelees hingegen sind Brotaufstriche, zu deren Herstellung Fruchtsaft statt ganzer Früchte verwendet wird. Und als Fruchtaufstriche bezeichnet man Aufstriche aus Zucker und eingekochten Früchten mit einem höheren Fruchtanteil.

Fruchtanteil und Zuckergehalt

Die seit 2003 bestehende Konfitürenverordnung unterscheidet ferner nach Fruchtanteil und Zuckergehalt. Für Konfitüren schreibt sie einen Fruchtanteil von 50 Prozent vor, für Gelees einen Zuckergehalt von 50 Prozent und Fruchtaufstriche müssen einen Fruchtanteil von mindestens 55 Prozent haben. Umgangssprachlich wird jedoch das Wort „Marmelade" für die meisten derartigen Erzeugnisse verwendet.

CHUTNEYS, RELISHES UND CO.

Paprika-Chutney 136

Zwiebelmarmelade 138

Mango-Chutney 140

Grüne Tomaten-
marmelade 142

Rote-Bete-Relish 144

Stachelbeer-Chutney 146

Brokkoli-Pesto 148

Pflaumen-Chutney 150

Mais-Relish 152

Cranberry-Chutney 154

Tomatenmarmelade 156

Apfel-Chutney 158

Erdbeer-Chutney 160

Ketchup light 162

Aprikosen-Chutney 164

Ajvar 166

Tomaten-Chutney 168

Preiselbeer-Chutney 170

MANGO – EXOTIK PUR

Es gibt im Handel über 500 Mangosorten, die sich in Form, Größe und Geschmack unterscheiden. Wählen Sie bei den Mangos unbeschädigte und duftende Früchte aus, die auf Druck leicht nachgeben. So können Sie sicher sein, dass die Mango reif ist.

ROTE BETE

Rote Bete ist ein klassisches Wintergemüse. Die auffällige rote Farbe geht auf den Naturfarbstoff Betanin zurück. Zum Häuten der Roten Bete empfiehlt es sich, dünne Gummihandschuhe zu tragen. Ansonsten entfernt man Rote Bete an den Händen ganz einfach mit etwas Zitronensaft.

TOMATEN

Tomaten sind wahre Alleskönner. Sie liefern Vitamin A, Vitamin C und reichlich Folsäure. Das Karotinoid Lycopen, das der Tomate die rote Farbe gibt, gilt mittlerweile als Killer von Krebszellen. Selbst in verarbeiteter Form (gekocht) ist es hochwirksam.

PAPRIKA – WÜRZIG UND LECKER

Die vielseitige und gesunde Paprika macht als Chutney, Relish, Paste oder Soße immer eine gute Figur. Sie ist besonders reich an Vitamin A, B und C und Mineralstoffen wie Kalium oder Zink.

Paprika-Chutney

FÜR CA. 2–3 GLÄSER À 200 ML
ZUBEREITUNGSZEIT: ca. 30 Min.
GESCHMACK: würzig-pikant
SAISON: Jul–Okt

Dieses feurige Paprika-Chutney passt hervorragend zu gegrilltem Fleisch. Der ideale Begleiter für die Grillsaison.

500 g Zwiebeln • 1 rote Paprikaschote • 1 grüne Paprikaschote • 3 Knoblauchzehen • 1 TL Salz • 2 Chilischoten • 125 ml Weißweinessig • 250 g Gelierzucker 2:1 • 1 TL Curry • 1 EL Weinbrand • 2 EL Schnittlauchröllchen

1. Zwiebeln schälen und in Würfel schneiden. Paprika halbieren, putzen, waschen und ebenfalls würfeln.

2. Knoblauch schälen und mit Salz zerdrücken. Chilischoten waschen, längs halbieren, entkernen und fein zerschneiden.

3. Zwiebel, Paprika, Knoblauch und Chilis in einen großen Topf geben. Essig, Gelierzucker und Curry unterrühren. Unter Rühren zum Kochen bringen und unter weiterem Rühren ca. 10 Minuten köcheln lassen. Weinbrand und Schnittlauch untermischen.

4. Paprika-Chutney sofort in Gläser füllen und diese fest verschließen.

> Passt ganz wunderbar zu gegrilltem **FLEISCH**.

> Eignet sich auch hervorragend für ein Picknick, um **BROTSCHEIBEN**, **KRÄCKER** oder **BLÄTTERTEIGSTANGEN** zu dippen.

Zwiebelmarmelade

FÜR CA. 6 GLÄSER À 200 ML

ZUBEREITUNGSZEIT: ca. 2 Std. und 30 Min. + ca. 1 Std. Ruhezeit

GESCHMACK: süßlich-herb

SAISON: Jul–Okt

Nicht nur auf Brot sehr lecker – noch besser schmeckt sie in Kombination mit Fleischgerichten.

1,25 kg Zwiebeln • 3 EL Salz • 1 kg Gelierzucker • 250 ml Essig • 250 ml trockener Weißwein • 1½ TL gemahlene Nelken • 1 TL Kümmel

1 Zwiebeln schälen und in dünne Ringe schneiden. Zwiebeln in eine große Schüssel geben und Salz darüberstreuen. Zwiebeln ca. 1 Stunde ziehen lassen, danach gründlich abspülen und trocken tupfen.

2 Gelierzucker in einen großen Topf füllen. Essig, Wein und Nelken zugeben. Unter Rühren aufkochen und ca. 5 Minuten köcheln lassen.

3 Kümmel und Zwiebeln mit in den Topf geben, aufkochen und bei schwacher Hitze ca. 2 Stunden köcheln lassen, bis die Zwiebeln goldbraun sind und ein dicklicher Sirup entstanden ist. Zwischendurch eventuell abschäumen.

4 Topf vom Herd nehmen. Zwiebelmarmelade sofort in Gläser füllen und fest verschließen.

> Eine absolut leckere Beilage zu **WILD**, **KASSLER**, **SCHWEINEBRATEN** und **PASTETEN**.

DER GUTE RAT

Es empfiehlt sich, die Marmelade vor dem Verzehr einige Zeit zu lagern. Denn dadurch gewinnt sie an Geschmack.

Chutneys, Relishes und Co.

Mango-Chutney

FÜR CA. 2 GLÄSER À 200 ML

ZUBEREITUNGSZEIT:
ca. 1 Std. und 30 Min. +
ca. 12 Std. Ruhezeit

GESCHMACK: süßlich-scharf

SAISON: ganzjährig

Die Mango wird seit Jahrtausenden in Indien kultiviert. Von dort brachten die Engländer auch das Chutney-Rezept mit.

1 Mango • 2–3 Knoblauchzehen • 20 g Ingwer • 2–3 rote Chilischoten • 60 g Rosinen • 90 g brauner Zucker • 150 ml Weißweinessig • 1 TL Salz • ½ TL Pfeffer

1. Mango schälen und das Fruchtfleisch vom Stein lösen. 300 Gramm Fruchtfleisch abwiegen und in ca. 1 Zentimeter große Würfel schneiden. Knoblauch und Ingwer schälen und fein hacken. Chilischoten waschen, entkernen und in feine Streifen schneiden. Rosinen mit heißem Wasser abspülen und über einem Sieb abtropfen lassen.

2. Mango, Knoblauch, Ingwer, Chili, Rosinen und Zucker in einem Topf mischen und über Nacht durchziehen lassen.

3. Essig zugeben und ca. 50 Minuten bei geringer Hitze köcheln lassen. Dabei ab und zu umrühren. Salz und Pfeffer ca. 5 Minuten vor Ende der Kochzeit unterrühren.

4. Das heiße Chutney sofort in Gläser füllen und fest verschließen.

DER GUTE RAT

Die Rosinen sorgen in diesem Chutney für eine angenehme Konsistenz. Denn Sie verkochen nicht und behalten ihre Textur.

Chutneys, Relishes und Co.

Grüne Tomatenmarmelade

FÜR CA. 3–4 GLÄSER À 200 ML
ZUBEREITUNGSZEIT: ca. 25 Min.
GESCHMACK: würzig-herb
SAISON: Jun–Sep

Nach und nach finden auch hierzulande die Sorten der grünen Tomate ihre Anhänger. Es lohnt sich auf jeden Fall, sie auszuprobieren.

400 g grüne Tomaten • 1 rote Peperoni • ½ TL gemahlener Zimt • 1 TL Orangenschale • 1 TL Zitronenschale • 400 g Gelierzucker • 2 cl Gin

1 Tomaten waschen, putzen und in kleine Stücke schneiden. Peperoni waschen, putzen und ebenfalls in Stücke schneiden. Tomaten und Peperoni mit einem Stabmixer grob pürieren.

2 Tomatenmasse, Zimt, Orangenschale, Zitronenschale und Gelierzucker in einen Topf geben. Alles unter Rühren bei starker Hitze aufkochen und ca. 4 Minuten sprudelnd kochen lassen.

3 Topf vom Herd nehmen und Gin unterrühren. Tomatenmarmelade heiß in Gläser füllen und diese fest verschließen. Gläser auf den Kopf stellen, nach ca. 10 Minuten umdrehen und auskühlen lassen.

> Schmeckt ganz köstlich auf frischem **BAGUETTE** und zu gekochtem **SCHINKEN**.

DER GUTE RAT

Grüne Tomaten bleiben grün, auch wenn sie reif sind. Unreife grüne Tomaten von eigentlich roten Tomatensorten sollten Sie nicht roh essen!

Chutneys, Relishes und Co.

Rote-Bete-Relish

FÜR CA. 2–3 GLÄSER À 200 ML

ZUBEREITUNGSZEIT: ca. 1 Std. und 20 Min.

GESCHMACK: süßsauer

SAISON: Sep–Nov

Relishes sind vor allem in Großbritannien besonders beliebt. Hierzulande sind sie weniger bekannt, jedoch trotzdem überaus lecker.

500 g Rote Bete • Salz • 2 Zwiebeln • 2 EL Essig • 3 EL Öl • 2 EL Senf • 1 EL Aprikosenkonfitüre • frisch gemahlener Pfeffer

1 Rote Bete unter fließendem Wasser abwaschen, Blätter entfernen und Rote Bete ca. 1 Stunde in ausreichend Salzwasser garen. Über einem Sieb abgießen, abkühlen lassen und schälen (Handschuhe tragen!). Rote Bete fein raspeln. Zwiebeln schälen und fein hacken.

2 Rote Bete und Zwiebeln mit Essig, Öl, Senf, Aprikosenkonfitüre und Pfeffer gut vermischen und in sterilisierte Gläser füllen. Gut verschließen und kühl stellen. Im Kühlschrank hält sich das Rote-Bete-Relish ca. 7 Tage.

GUT FÜR DIE GESUNDHEIT

Rote Bete ist vollgepackt mit gesunden Inhaltsstoffen wie Vitamin B, Kalium, Eisen und Folsäure. Sie wirken blutreinigend, entsäuern den Organismus und regen den Stoffwechsel an. Gleichzeitig stärken sie das Immunsystem. Rote-Bete-Relish schmeckt sehr gut zu dunklem Brot, Steaks und Hackbraten.

Stachelbeer-Chutney

FÜR CA. 4–5 GLÄSER À 200 ML
ZUBEREITUNGSZEIT: ca. 45 Min.
GESCHMACK: säuerlich
SAISON: Jun–Aug

Dieses Chutney mit leichter Kümmelnote bereichert jedes Fondue oder Raclette. Am besten schmecken die leicht rötlich gefärbten Stachelbeeren.

1 kg Stachelbeeren • 1 TL Kümmel • 2 Knoblauchzehen • 1 TL Salz • 250 ml Weinessig • 500 g Zucker • ½ TL gemahlener Ingwer • 1 Msp. gemahlene Nelken • 1 Msp. Zimt • 1 Msp. Pfeffer

1. Stachelbeeren putzen und waschen.

2. Kümmel mit einer Tasse kochendem Wasser übergießen und einige Minuten ziehen lassen. Über einem Sieb abgießen, Wasser dabei auffangen. Knoblauch schälen und mit Salz zerdrücken.

3. Essig in einen Topf geben, erhitzen und Zucker darin auflösen. Stachelbeeren, Kümmelwasser, Knoblauch, Ingwer, Nelkenpulver, Zimt und Pfeffer zufügen. Alles unter Rühren ca. 20 Minuten köcheln und eindicken lassen.

4. Stachelbeer-Chutney sofort in Gläser füllen und fest verschließen.

> Passt ganz wunderbar zu **FONDUE** und **RACLETTE**.

DER GUTE RAT

Abhängig von der Sorte und dem Reifestadium der Stachelbeeren, kann die Färbung des Chutneys unterschiedlich ausfallen.

Chutneys, Relishes und Co.

Brokkoli-Pesto

FÜR CA. 2–3 GLÄSER À 200 ML

ZUBEREITUNGSZEIT: ca. 40 Min.

GESCHMACK: nussig-würzig

SAISON: Jun–Okt

Basilikum-Pesto war gestern! Probieren Sie lieber einmal diese ausgefallene Pesto-Variante zu Ihrem nächsten Pastagericht!

125 g Brokkoli • Salz • 125 g Mandeln • 5 Knoblauchzehen • 1 Bund Basilikum • 125 g geriebener Parmesan • 150 ml Olivenöl • 60 ml Hühnerbrühe • 1 EL Balsamico • frisch gemahlener Pfeffer

1 Brokkoli waschen, putzen und in Röschen teilen. In ausreichend Salzwasser ca. 4 Minuten kochen, kalt abspülen und abtropfen lassen.

2 Mandeln kurz in kochendem Wasser blanchieren, kalt abschrecken und Haut abschälen. Knoblauch schälen und halbieren. Basilikum waschen, trocken schütteln und Blättchen abzupfen.

3 Alle Zutaten in eine große Rührschüssel geben, mit dem Stabmixer oder im Standmixer fein pürieren und mit Salz und Pfeffer abschmecken. In sterilisierte Gläser füllen und gut verschließen. Kühl und dunkel gelagert, ist das Brokkoli-Pesto mindestens 14 Tage haltbar.

LECKER ZU PASTA

Brokkolipesto schmeckt besonders gut zu Pasta und Geflügel. Variieren Sie die Menge des Parmesans ganz nach Geschmack und die des Olivenöls je nach gewünschter Konsistenz.

Pflaumen-Chutney

FÜR CA. 6 GLÄSER À 200 ML

ZUBEREITUNGSZEIT: ca. 1 Std. und 30 Min.

GESCHMACK: säuerlich-süß
SAISON TOMATE: Jun–Sep
SAISON PFLAUME: Jul–Okt

Ein ideales Rezept für den Spätsommer, wenn Freilandtomaten und hiesige Pflaumen günstig auf Märkten zu bekommen sind.

600 g Tomaten • 500 g Pflaumen • 125 g Zwiebeln • 1 unbehandelte Zitrone • 125 g Sultaninen • 300 ml Apfelessig • ¼ TL Zimt • ¼ TL gemahlene Nelken • 1 TL Pfeffer • 250 g Gelierzucker

1 Tomaten enthäuten und klein schneiden. Pflaumen waschen, entsteinen und ebenfalls klein schneiden. Zwiebeln schälen und fein hacken. Tomaten, Pflaumen und Zwiebeln in einen großen Topf geben.

2 Zitronenschale abreiben und Saft auspressen. Sultaninen, Zitronensaft, Zitronenschale, Essig, Zimt, Nelkenpulver und Pfeffer unterrühren. Alles zum Kochen bringen und bei mittlerer Hitze unter häufigem Rühren ca. 40–45 Minuten kochen lassen.

3 Gelierzucker zufügen, nochmals unter Rühren zum Kochen bringen und ca. 4 Minuten sprudelnd kochen lassen.

4 Chutney sofort in Gläser füllen und diese fest verschließen.

> Dieses Chutney passt sehr gut zu **WILDGERICHTEN**, gegrillten **STEAKS** und **ROASTBEEF**.

DER GUTE RAT

Anstelle der Pflaumen können Sie auch Mirabellen oder Renekloden verwenden. Diese Varianten schmecken ebenfalls ganz köstlich!

Chutneys, Relishes und Co.

Mais-Relish

**FÜR CA. 2 GLÄSER
À 200 ML**

ZUBEREITUNGSZEIT:
ca. 35 Min.

GESCHMACK: säuerlich-würzig

SAISON: Jul–Sep

Chutneys und Relishes sind sich im Grunde ganz ähnlich. Relishes sind jedoch meist etwas stückiger und säuerlicher.

2 rote Chilischoten • 1 rote Paprikaschote • 175 g Mais (Dose) • ½ TL Salz • 2 EL Zucker • ½ TL Senfpulver • 450 ml Weißweinessig

1 Chilischoten halbieren, Kerne entfernen und Chilischoten klein würfeln. Paprikaschote waschen, entkernen und würfeln. Mais über einem Sieb abtropfen lassen.

2 Chili, Paprika und Mais in einen großen Topf geben, mit Salz, Zucker und Senfpulver vermischen und Essig unterrühren. Zum Kochen bringen und ca. 15 Minuten köcheln lassen. Ab und zu umrühren.

3 Relish in sterilisierte Gläser füllen. Gut verschließen und im Kühlschrank aufbewahren. Das Mais-Relish ist im Kühlschrank einige Tage haltbar.

GESUNDE CHILIS

Chilischoten steigern die Ausschüttung von Magensäure und regen die Verdauung an. Wem das Mais-Relish solo zu scharf ist, der kann Brot oder Reis dazu essen.

Cranberry-Chutney

FÜR CA. 4–5 GLÄSER À 200 ML
ZUBEREITUNGSZEIT: ca. 20 Min.
GESCHMACK: herb
SAISON: Sep–Dez

Allein die Farbe des Cranberry-Chutneys ist schon ein Gedicht – und dann erst der Geschmack dazu!

2 unbehandelte Orangen • 500 ml Orangensaft • 500 g Gelierzucker • 500 g Cranberrys

1 Orangen heiß abwaschen, dünne Schalenstreifen mit einem Zestenreißer oder Sparschäler abziehen. Orangen schälen, filetieren und das Fruchtfleisch klein schneiden.

2 Orangensaft und Gelierzucker in einen Topf geben und aufkochen, gewaschene Cranberrys zugeben und ca. 5 Minuten köcheln lassen. Orangenstücke und Schalenstreifen zugeben und noch einmal ca. 5 Minuten köcheln lassen.

3 Cranberry-Chutney sofort in Gläser füllen und diese fest verschließen.

> Das Cranberry-Chutney schmeckt sehr gut zu gebratener **GANS, TRUTHAHN** oder **REHRÜCKEN**.

DER GUTE RAT

Cranberrys sind erwiesenermaßen ein gutes Hausmittel bei Blasentzündung. Man kann sie auch getrocknet oder in Form von Saft kaufen.

Tomatenmarmelade

FÜR CA. 8 GLÄSER À 200 ML

ZUBEREITUNGSZEIT: ca. 40 Min. + ca. 1 Std. Ruhezeit

GESCHMACK: würzig-süß

SAISON: Jun–Sep

Eine herrliche Alternative zu jedem Ketchup ist diese köstliche Tomatenmarmelade.

500 g rote Tomaten • 500 g gelbe Tomaten • 4 unbehandelte Orangen • 1 unbehandelte Zitrone • 1 Zimtstange • 1 Msp. gemahlene Nelken • 500 g Gelierzucker 3:1

1 Tomaten waschen, am Strunk kreuzweise einschneiden und blanchieren. Häuten, halbieren, entkernen, den Strunk entfernen und das Fruchtfleisch in kleine Würfel schneiden.

2 1 Orange waschen, vierteln, entkernen und in dünne Scheiben schneiden. Restliche Orangen auspressen. Zitrone waschen, Schale fein abreiben und Saft auspressen.

3 In einem großen Topf Tomaten, Orangensaft, Orangenscheiben, Zitronensaft, Zitronenabrieb, Zimtstange, Nelken und Gelierzucker mischen und ca. 1 Stunde zugedeckt ziehen lassen.

4 Topf auf den Herd stellen und bei starker Hitze unter ständigem Rühren erhitzen. Alles ca. 4–6 Minuten sprudelnd kochen lassen. Gelierprobe machen.

5 Gut ausgespülte Gläser sofort mit der Marmelade füllen und fest verschließen.

DER GUTE RAT

Gelbe Tomaten enthalten im Gegensatz zu roten viel weniger Säure und sind daher gerade für empfindliche Menschen sehr geeignet.

Apfel-Chutney

FÜR CA. 6 GLÄSER À 200 ML

ZUBEREITUNGSZEIT: ca. 1 Std. und 30 Min.

GESCHMACK: säuerlich-würzig

SAISON: Aug–Okt

Ein ganz wunderbares Chutney, das sich mit ganz vielen Gerichten herrlich kombinieren lässt.

1 kg säuerliche Äpfel • 250 g Zwiebeln • 1 Knoblauchzehe • 375 ml Weinessig • 500 g Zucker • 3 EL Senfpulver • 2 EL gemahlener Ingwer • 1 TL Cayennepfeffer • 250 g Sultaninen

1 Äpfel schälen, vom Kerngehäuse befreien und in dünne Scheiben schneiden. Zwiebeln und Knoblauch schälen und fein hacken.

2 Äpfel, Zwiebeln und Knoblauch in einen großen Topf geben. Essig, Zucker, Senfpulver, Ingwer und Cayennepfeffer zugeben und alles bei schwacher Hitze ca. 1 Stunde köcheln lassen. Ab und zu umrühren.

3 Sultaninen zugeben und nochmals ca. 15 Minuten köcheln lassen. Chutney sofort in Gläser füllen und diese fest verschließen.

> Passt prima zu **FONDUE**, aber auch zu weihnachtlichem **GEFLÜGELBRATEN**. Auch Reste vom **SONNTAGSBRATEN** lassen sich mit dem Apfel-Chutney geschmacklich verfeinern.

DER GUTE RAT

Man kann Senfpulver direkt in Speisen rühren. Man kann es allerdings auch mit Wasser anrühren, bis die Masse schön cremig wird.

Erdbeer-Chutney

FÜR CA. 6 GLÄSER À 200 ML

ZUBEREITUNGSZEIT: ca. 20 Min.

GESCHMACK: würzig-süß

SAISON: Mai–Jul

Erdbeerfans können mit diesem frisch-fruchtigen Chutney das ganze Jahr über den Geschmack des Sommers genießen.

1 EL schwarze Pfefferkörner • 1 kg Erdbeeren • 2 Zwiebeln • 50 ml Rotweinessig • 100 ml Balsamico • 1 TL Salz • 150 g Gelierzucker 3:1 • 1 Päckchen Zitronensäure

1 Pfefferkörner in einem Mörser zerstoßen. Erdbeeren waschen und vierteln. Zwiebeln schälen und in feine Würfel schneiden. Mit Essig, Balsamico, Salz und zerstoßenen Pfefferkörnern in einem Topf zum Kochen bringen.

2 Nach ca. 2–3 Minuten Gelierzucker, Zitronensäure und Erdbeeren zugeben, aufkochen und ca. 5 Minuten unter Rühren sprudelnd kochen lassen.

3 Sofort in Gläser füllen und fest verschließen.

> Passt sehr gut zu **FLEISCHPASTETEN** und **TERRINEN**.

DER GUTE RAT

Beim Kauf von Erdbeeren immer darauf achten, dass die Früchte voll ausgereift sind. Denn Erdbeeren reifen nicht nach.

FÜR CA. 2–3 FLASCHEN À 300 ML

ZUBEREITUNGSZEIT: ca. 1 Std. und 30 Min.

GESCHMACK: süß-würzig

SAISON: Jun–Okt

Ketchup light

Supermarkt-Ketchup steckt voller Zusatzstoffe und Zucker. Gut, dass es diese kalorienbewusste Variante gibt, die zudem voller Aromen steckt!

1,5 kg reife Tomaten • ½ rote Paprikaschote • 1 Möhre • 2 Schalotten • 2 Knoblauchzehen • 1 Zwiebel • 2 TL Salz • 1 TL Pfeffer • 1 TL Paprikapulver • 2 Prisen Zimt • 2 Prisen Cayennepfeffer • 1 Lorbeerblatt • 3–4 EL Xylit • 150 ml Apfelessig

1. Tomaten, Paprikaschote und Möhre waschen, putzen bzw. schälen und klein schneiden. Schalotten waschen und fein würfeln. Knoblauch und Zwiebel schälen und fein hacken.

2. Gemüse in einen Topf geben und unter Rühren aufkochen. Mischung bei geringer Hitze ca. 30 Minuten kochen lassen. Gelegentlich umrühren. Gewürze, Xylit und Apfelessig zufügen, alles gut verrühren und weitere ca. 30 Minuten dickflüssig einkochen lassen.

3. Heißes dickflüssiges Püree in heiß ausgespülte Flaschen mit Schraubverschluss füllen und sofort fest verschließen. Der Ketchup ist nach dem Öffnen ca. 2–3 Monate im Kühlschrank haltbar.

DER GUTE RAT

Selbst gemachter Ketchup schmeckt zu Pommes frites, Steak und Hamburgern und eignet sich zum Verfeinern von Nudelsoßen, Gemüse- und Reisgerichten.

Chutneys, Relishes und Co.

Aprikosen-Chutney

FÜR CA. 6–7 GLÄSER À 200 ML

ZUBEREITUNGSZEIT: ca. 1 Std.

GESCHMACK: würzig-süß

SAISON: Jun–Aug

Wer Aprikosen frisch nicht so gern mag, genießt am besten den herrlichen Geschmack der Früchte in dieser würzigen Chutney-Variante.

1 kg Aprikosen • 250 g Zwiebeln • 1 Chilischote • 3 EL Öl • 250 g brauner Zucker • 250 ml Weißwein • ½ TL Estragonessig • 1 TL gemahlener Ingwer • 1 TL Senfpulver

1. Aprikosen waschen, halbieren und entsteinen. Zwiebeln schälen und fein hacken. Chilischote putzen und klein schneiden.

2. Zwiebeln in Öl anbraten, Aprikosen, Zucker, Weißwein, Essig, Ingwerpulver, Senfpulver und Chili zugeben und ca. 45 Minuten köcheln lassen.

3. Wenn das Chutney eingedickt ist, das Chutney in Gläser füllen und diese fest verschließen.

> Verwenden Sie dieses Chutney doch mal als i-Tüpfelchen in einem **SANDWICH**. Schmeckt auch lecker zu **CAMEMBERT**.

DER GUTE RAT

Alternativ kann man Pfirsiche oder Nektarinen verwenden. Auch Mango- oder Papayafruchtfleisch kann man mitköcheln lassen.

Chutneys, Relishes und Co.

Ajvar

**FÜR CA. 2–3 GLÄSER
À 200 ML**

ZUBEREITUNGSZEIT:
ca. 1 Std. + ca. 15 Min. Ruhezeit

GESCHMACK: würzig

SAISON: Aug–Sep

Diese Spezialität aus dem Balkan macht sich gut zu gegrilltem Fleisch, aber auch als Brotaufstrich ist sie ein echtes Highlight.

3 rote Paprikaschoten • 1 Aubergine • 1 rote Peperoni • 2 Knoblauchzehen • 1 rote Zwiebel • 1 große Tomate • 8 EL Olivenöl • 2 EL Zitronensaft • Salz • frisch gemahlener Pfeffer • edelsüßes Paprikapulver

1 Backofen auf höchster Stufe vorheizen. Paprikaschoten waschen, entkernen und vierteln. Auf ein mit Backpapier ausgelegtes Backblech legen und im vorgeheizten Backofen ca. 10–15 Minuten backen, bis die Haut dunkle Blasen wirft. Herausnehmen, ca. 15 Minuten in einen Gefrierbeutel legen und schwitzen lassen. Haut abschälen.

2 Aubergine waschen und in kleine Würfel schneiden. Peperoni waschen, halbieren und entkernen. Knoblauch und Zwiebel schälen und fein hacken. Tomate waschen, halbieren, vom Stielansatz befreien und fein würfeln.

3 Gemüse mit Öl und Zitronensaft in eine Rührschüssel geben und mit dem Stabmixer grob pürieren. Mit Salz, Pfeffer und Paprikapulver abschmecken. In sterilisierte Gläser füllen und gut verschließen. Im Kühlschrank hält sich Ajvar ca. 7–10 Tage.

SCHÄRFE ABMILDERN

Ist Ihnen die Paste zu scharf, können Sie sie mit etwas Joghurt, Frischkäse oder Quark verrühren und den scharfen Geschmack auf diese Weise etwas abmildern. Passt gut zu Fingerfood und Rohkost.

Tomaten-Chutney

FÜR CA. 9 GLÄSER À 200 ML

ZUBEREITUNGSZEIT: ca. 1 Std.
GESCHMACK: würzig-süß
SAISON TOMATE: Jun–Sep
SAISON APFEL: Aug–Okt
SAISON APRIKOSE: Jun–Aug

Eine tolle Mischung aus Früchten und Gemüse trifft sich in diesem Tomaten-Chutney.

2 kg Tomaten • 500 g säuerliche Äpfel • 500 g Zwiebeln • 400 g Aprikosen • 400 g Korinthen • 1 TL Senfpulver • 1 TL Salz • 1 EL Cayennepfeffer • 700 g brauner Zucker • 1 l Essig

1 Tomaten enthäuten und klein schneiden. Äpfel schälen, vom Kerngehäuse befreien und ebenfalls in kleine Stücke schneiden. Zwiebeln schälen und klein hacken. Aprikosen waschen, halbieren, entsteinen und klein schneiden.

2 Vorbereitetes Gemüse und Obst in einen großen Topf geben. Korinthen, Senfpulver, Salz, Cayennepfeffer, Zucker und Essig zugeben. Unter Rühren zum Kochen bringen und so lange köcheln lassen, bis das Chutney eingedickt ist. Ab und zu umrühren.

3 Chutney heiß in Gläser füllen und diese fest verschließen.

> Passt zu allem **GEGRILLTEN** und **KURZGEBRATENEM**.
> Schmeckt auch köstlich zu **FONDUE** oder **RACLETTE**.

DER GUTE RAT

Die Tomaten sollten angenehm duften und auf sanften Druck nachgeben. Besonders aromatisch schmecken Tomaten im Spätsommer.

Preiselbeer-Chutney

FÜR CA. 4–5 GLÄSER À 200 ML

ZUBEREITUNGSZEIT: ca. 1 Std.

GESCHMACK: säuerlich

SAISON: Jul–Okt

Eine echte Augenweide ist dieses leuchtend rote Chutney – und der Schuss Crème de Cassis gibt dem Ganzen eine leicht französische Note.

500 g rote Zwiebeln • 1,5 kg Preiselbeeren • 400 g brauner Zucker • 80 ml Essigessenz • 250 ml Rotwein • 100 ml Crème de Cassis • 2 TL Salz • 1 TL Cayennepfeffer

1. Zwiebeln schälen und fein würfeln. Preiselbeeren putzen, waschen und abtropfen lassen.

2. Zwiebeln, Preiselbeeren, Zucker, Essigessenz, Rotwein, Crème de Cassis, Salz und Cayennepfeffer in einen Topf geben und bei mittlerer Hitze ca. 45 Minuten einköcheln lassen, bis die Masse dickflüssig wird.

3. Preiselbeer-Chutney sofort in Gläser füllen und verschließen.

> Dieses Chutney passt besonders gut zu gebratenem **FLEISCH** wie **STEAK**, **CHATEAUBRIAND** oder **ENTRECÔTE**.

DER GUTE RAT

Crème de Cassis ist ein Likör aus schwarzen Johannisbeeren. Cassis ist die französische Bezeichnung für schwarze Johannisbeere.

170 • *Chutneys, Relishes und Co.*

Chutneys und Co. herstellen

Bei Chutneys, pikanten Marmeladen und Relishes verfahren Sie grundsätzlich ebenso wie bei süßen Marmeladen. Wie auch bei diesen sollten Sie darauf achten, dass Obst und Gemüse reif und unbeschädigt sind und dass bei der Vorbereitung der Gläser und bei der Verarbeitung der Zutaten Sauberkeit herrscht.

Gewürze ins Glas holen

Während für Marmeladen in der Regel die Zugabe von Zucker bereits genügt, benötigen Sie für Chutneys und Co. jedoch noch einige weitere Zutaten wie Essig und Gewürze. Hier sorgen z. B. Paprikapulver, Curry, Senfkörner, Ingwer oder Cayennepfeffer für die nötige Schärfe. Auch Lorbeer, Zimt, Piment, Muskat, Nelken und Salz runden den Geschmack ab. Greifen Sie möglichst zu einem guten, nicht zu scharfen Essig, am besten Obst- oder Weinessig. Achten Sie auch hier darauf, dass die Gemüse-Frucht-Mischung während des Kochens nicht anbrennt und rühren Sie sie stetig um. Füllen Sie die Masse mit der Schöpfkelle bis zum Rand in die heiß ausgespülten Gläser, verschließen Sie sie gut und stellen Sie sie umgedreht ca. 5 Minuten auf den Deckel.

Register

A

Ajvar 166
Amarenakirschen 14
Ananasmarmelade 96
Apfel-Chutney 158
Apfel-Feigen-Marmelade 80
Apfel-Honig-Marmelade 66
Aprikosen-Chutney 164
Aprikosen-Lavendel-
  Marmelade 64

B

Beerenmarmelade 58
Beschwipste Pflaumen 16
Birnengelee 70
Birnen-Ingwer-Marmelade 90
Birnen-Rotwein-Marmelade 108
Bratapfelmarmelade 124
Brokkoli-Pesto 148
Brombeer-Apfel-Marmelade 102
Brombeer-Zimt-Marmelade 72

C

Cranberry-Chutney 154
Cranberrymarmelade 68

E

Eingelegte Birnen 22
Eingelegte Champignons 32
Eingelegte Limetten 10
Eingelegte Trauben 18
Eingelegter Knoblauch 42
Eingelegter Rotkohl 28
Erdbeer-Chutney 160
Erdbeer-Holunder-Marmelade 114
Erdbeer-Pfeffer-Marmelade 126
Erdbeer-Rhabarber-Marmelade 56

F

Feigenmarmelade 106

G

Getrocknete Tomaten 24
Grüne Tomatenmarmelade 142

H

Heidelbeergelee 60
Holunderblütengelee 84

K

Kalt gerührte Himbeer-
  marmelade 62
Ketchup light 162
Kirschmarmelade mit Rotwein 54
Klassische Erdbeermarmelade 74
Klassisches Pflaumenmus 120
Kürbis mit Stevia 44
Kürbismus mit Kokosmilch 20

L

Leichtes Apfelmus 12

M

Mais-Relish 152
Mandarinenmarmelade 76
Mango-Chutney 140

Marinierte Auberginen 30
Marinierte Paprikaschoten 36
Mediterraner Schafskäse 40
Melonenmarmelade 118
Mirabellenmarmelade 100
Mixed Pickles 26

N

Nektarinenmarmelade 104

O

Orangenmarmelade mit Likör 86

P

Paprika-Chutney 136
Pflaumen-Chutney 150
Pflaumen-Nektarinen-
  Marmelade 110
Pflaumen-Whisky-Marmelade 78
Pomelo-Kumquat-Marmelade 116
Preiselbeer-Chutney 170

Q

Quittengelee 128

R

Rosenmarmelade 112
Rote-Bete-Relish 144

S

Sauerkirschmarmelade 94
Saurer Rollmops 46

Schwarzes Johannisbeergelee 98
Stachelbeer-Chutney 146
Stachelbeermarmelade 92
Süßsaure Perlzwiebeln 34

T

Tomaten-Chutney 168
Tomatenmarmelade 156

W

Walderdbeerenmarmelade 88
Weinbergpfirsichmarmelade 82
Würzige Salzgurken 38

Z

Zitronengelee 122
Zwiebelmarmelade 138

Bildnachweis

Shutterstock: 2 AnjelikaGr, 4 Viktory Panchenko, 6 o. li. SEAGULL_L, 6 o. re. ziashusha, 6 u. li. Africa Studio, 6 u. re. Anna Hoychuk, 8 u. Peredniankina, 8 o. orinocoArt, 9 o. Africa Studio, 9 u. JL-Pfeifer, 11 Africa Studio, 13 CGissemann, 15 Digivic, 17 o. re. Piotr Krzeslak, 17 u. li. Marian Weyo, 17 u. re. Anna_Pustynnikova, 17 o. li. BBA Photography, 19 casanisa, 21 Alexey Borodin, 23 DPRM, 25 Elena Fabbrili, 27 o. re. Entrieri, 27 u. li. Melica, 27 u. re. Irina Rostokina, 27 o. li. Olya Detry, 29 Anna Hoychuk, 31 minadezhda, 33 SEAGULL_L, 35 u. re. Dream79, 35 o. re. Quanthem, 35 u. li. mayakova, 35 o. li. Barbara Dudzinska, 37 ziashusha, 39 HandmadePictures, 41 Elena Shashkina, 43 u. re. Handmade Pictures, 43 u. li. Marina Nabatova, 43 o. re. photosimysia, 43 o. li. Africa Studio, 45 Heike Rau, 47 Joerg Beuge, 48 o. Lynn Fotheringham, 48 u. re. Natasha Breen, 48 u. li. Marina Onokhina, 49 Africa Studio, 50 o. li. Gayvoronskaya_Yana, 50 o. re. pearl7, 50 u. li. casanisa, 50 u. re. matka_Wariatka, 52 o. colnihko, 52 u. AllNikArt, 53 o. DarioZg, 53 u. hsunny, 55 Dream79, 57 Christian Jung, 59 u. re. AllNikArt, 59 u. li. casanisa, 59 o. re. Shulevskyy Volodymyr, 59 o. li. Belozerova Daria, 61 Agnes Kantaruk, 63 sarsmis, 65 Losangela, 67 u. li. Y Photo Studio, 67 o. re. egostock, 67 o. li. Bogdan Wankowicz, 67 u. re. Bogdan Wankowicz, 69 5PH, 71 sarsmis, 73 Christian Jung, 75 Christian Jung, 77 u. li. marylooo, 77 o. li. Magdalena Karbowiak, 77 o. re. jajaladdawan, 77 u. re. Nitr, 79 Julia Tsokur, 81 Gayvoronskaya_Yana, 83 matka_Wariatka, 85 u. li. KatharinaRau, 85 u. li. hsunny, 85 o. li. Sea Wave, 85 o. li. Jaromir Klein, 87 Alliance, 89 Chursina Viktoriia, 91 Amallia Eka, 93 Handmade Pictures, 95 u. re. MariaKovaleva, 95 u. li. StockphotoVideo, 95 o. li. nevodka, 95 o. re. Dirk Ott, 97 Piotr Krzeslak, 99 Wiktory, 101 MShev, 103 Christopher Elwell, 105 u. re. lidante, 105 u. li. ziashusha, 105 o. re. IngridHS, 105 o. li. Rtstudio, 107 Christian Jung, 109 Vladlena Azima, 111 Nikuwka, 113 Grezova Olga, 115 o. re. Jure Porenta, 115 o. li. Heike Rau, 115 u. re. Heike Rau, 115 u. li. Joshua Resnick, 117 Agnes Kantaruk, 119 natashamam, 121 BlueHorse_pl, 123 o. li. abc1234, 123 u. re. ffolas, 123 u. li. RoJo Images, 123 o. re. oxyzay, 125 Africa Studio, 127 pearl7, 129 Simone Andress, 130 u. re. Fragolini, 130 u. li. Africa Studio, 130 o. lidante, 131 kostasgr, 132 o. li. Yulia-Bogdanova, 132 o. re. Dream79, 132 o. re. Victoria Romanchenko, 132 u. li. comeirrez, 134 u. Dani Vincek, 134 o. LeoWolfert, 135 u. Malivan_Iuliia, 135 o. Artyom Baranov, 137 Melica, 139 Dream79, 141 MaraZe, 143 u. re. Yulia-Bogdanova, 143 u. li. Baloncici, 143 o. re. LENA GABRILOVICH, 143 o. li. rainbow33, 145 Kiian Oksana, 147 Christian Jung, 149 Victoria Romanchenko, 151 o. li. Barbara Dudzinska, 151 u. re. AnjelikaGr, 151 u. li. Africa Studio, 151 o. re. ChameleonsEye, 153 Zoeytoja, 155 Tatiana Vorona, 157 Anna Ewa Bieniek, 159 u. re. Africa Studio, 159 u. li. ksena2you, 159 o. re. AnjelikaGr, 159 o. li. meaofoto, 161 Alena Haurylik, 163 comeirrez, 165 Nataliya Arzamasova, 167 Melica, 169 u. re. GCapture, 169 u. li. Eva Gruendemann, 169 o. re. Artyom Baranov, 169 o. li. MaraZe, 171 vm2002, 172 Mi. re. Eduard Nasyrov, 172 u. re. Jag_cz, 172 u. li. ziashusha, 172 o. Adisa, 173 Eduard Nasyrov, 175 lizabarbiza, Schmuckabbildung: mama_mia; Coverabbildungen: o. re. casanisa, o. Mi. Bjoern Wylezich, o. li. casanisa, u. Bukhta Yurii

Impressum

Alle Rechte vorbehalten. Kein Teil dieses Werkes darf ohne schriftliche Einwilligung des Verlages in irgendeiner Form (Druck, Fotokopie, Mikrofilm oder in einem anderen Verfahren) reproduziert oder unter Verwendung elektronischer Systeme verarbeitet, vervielfältigt oder verbreitet werden.

Alle Informationen in diesem Buch wurden mit größter Sorgfalt erarbeitet und geprüft. Weder Herausgeber, Autor noch Verlag können jedoch für Schäden haftbar gemacht werden, die in Zusammenhang mit der Verwendung dieses Buches stehen.

© Copyrigh 2018 **garant** Verlag GmbH, Benzstraße 56, 71272 Renningen

Alle Rechte vorbehalten.

www.garant-verlag.de

ISBN 978-3-7359-1820-8

Komplettproducing: twinbooks, München
Text und Lektorat: Gesa Scheziat, Melanie Goldmann,
Eva Hutter für twinbooks, München

Erfahren Sie mehr!